Début d'une série de documents en couleur

Édition à **1** fr. **25** le volume

CH.-PAUL DE KOCK

LE PETIT
BONHOMME
DU COIN

PARIS
DEGORCE-CADOT, ÉDITEUR.
9, RUE DE VERNEUIL, 9

Droits de traduction et de reproduction réservés

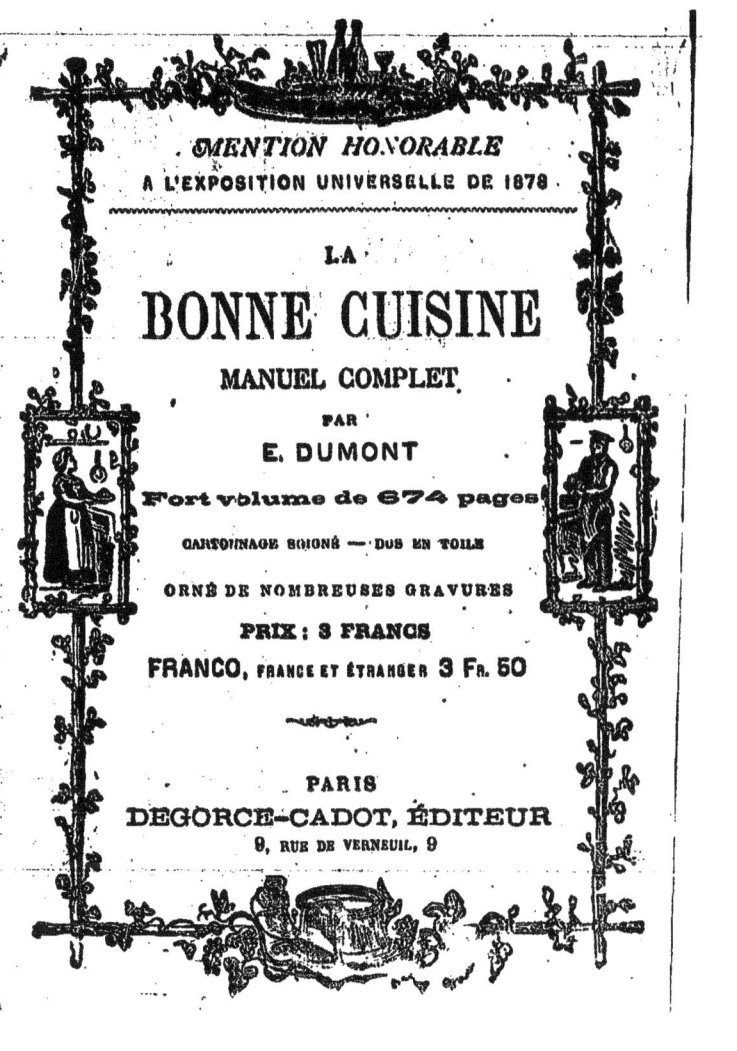

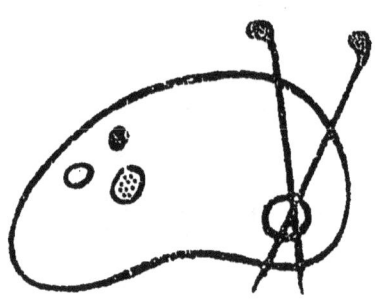

Fin d'une série de documents en couleur

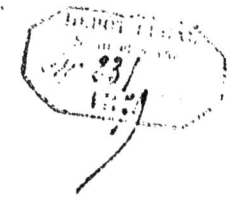

LE
PETIT BONHOMME
DU COIN

EN VENTE A LA MÊME LIBRAIRIE

ŒUVRES DE CH. PAUL DE KOCK

AVEC UNE GRAVURE HORS TEXTE

ÉDITION A 2 FRANCS LE VOLUME

L'Amoureux transi........	1 vol.	Le Petit Bonhomme du coin.	1 vol.
Une Gaillarde............	2 »	Mon ami Piffard...........	1 »
La Fille aux trois jupons.	1 »	Les Demoiselles de Magasin	2 »
La Dame aux trois corsets.	1 »	Une Drôle de maison......	1 »
Ce Monsieur..............	1 »	Mme de Monflanquin........	2 »
La Jolie Fille du faubourg.	1 »	Maison Perdrillon et Cie..	1 »
Les Femmes, le Jeu et le Vin...................	1 »	Le Riche Cramoisan.......	1 »
Cerisette................	2 »	La Bouquetière du Château-d'Eau.............	2 »
Le Sentier aux Prunes....	1 »	La Famille Braillard......	2 »
M. Chérami...............	1 »	Friquette................	1 »
M. Choublanc.............	1 »	La Baronne Blagulskoff..	1 »
L'Ane à M. Martin........	1 »	Un Jeune Homme mystérieux.................	1 »
Une Femme à trois visages.	2 »	La Petite Lise............	1 »
La Grappe de groseille...	1 »	La Grande Ville..........	1 »
La Mariée de Fontenay-aux-Roses.............	1 »	La Famille Gogo..........	2 »
L'Amant de la Lune.......	3 »	Le Concierge de la rue du Bac..................	1 »
Papa Beau-Père...........	1 »	Les nouveaux Troubadours.	1 »
La Demoiselle du cinquième.................	2 »	Un petit-fils de Cartouche.	1 »
Carotin..................	1 »	Sans-Cravate.............	2 »
La Prairie aux coquelicots..................	2 »	Taquinet le Bossu........	1 »
Un Mari dont on se moque.	1 »	L'Amour qui passe et l'Amour qui vient........	1 »
Les Compagnons de la Truffe................	2 »	Madame Saint-Lambert....	1 »
Les Petits Ruisseaux.....	1 »	Benjamin Godichon.......	1 »
Le Professeur Ficheolaque...................	1 »	Paul et son chien........	1 »
Les Étuvistes............	2 »	Les époux Chamoureau....	1 »
L'Homme aux trois culottes..................	1 »	Le Millionnaire..........	1 »
Madame Pantalon.........	1 »	Le petit Isidore..........	1 »
Madame Tapin............	1 »	Flon, Flon, Flon Lariradondaine................	1 »
		Un Monsieur très-tourmenté.................	1 »

Il a été tiré, de chaque ouvrage, cent exemplaires sur très-beau papier de Hollande, gravure sur chine, à 5 francs le volume

---

F. Aureau. — Imprimerie de Lagny.

ŒUVRES DE CH. PAUL DE KOCK

LE
PETIT BONHOMME
DU COIN

« Ne nommes pas votre conquête,
« Amants heureux et délicats :
« Pour elle, quand elle est honnête,
« Pour vous quand elle ne l'est pas.

PARIS
A. DEGORCE-CADOT, ÉDITEUR
9, RUE DE VERNEUIL, 9

Tous droits réservés

LE
PETIT BONHOMME
DU COIN

I

RÉFLEXIONS.

Ne trouvez-vous pas, comme moi, qu'il est insupportable, lorsque le temps est assez beau pour que l'on se permette d'aller faire un tour de promenade?... je dis cela pour ceux qui n'ont pas la goutte, car à ces derniers la promenade n'est pas toujours permise, même quand il fait beau ; mais enfin tout le monde n'a pas la goutte, grâce au ciel! et c'est même une maladie assez rare chez les femmes ; ce qui est aussi heureux pour nous que pour elles, et nous devons en remercier la Providence qui n'a pas voulu que nous fussions privés du plaisir de voir courir, aller, venir et marcher avec tant de légèreté et d'une façon presque toujours provocante, tous ces jolis minois qui nous laissent voir leur jambe quand elle est bien faite, et savent encore la poser avec grâce lorsqu'elle est dépourvue de mollets...

Mais voilà la goutte, et surtout les dames qui m'écartent de mon sujet; c'est presque toujours comme cela, je suis incorrigible!

Pardon, je vais tâcher de revenir à ce que je voulais vous dire :

Il est insupportable, quand vous vous promenez, d'être à chaque instant assailli par des mendiants de tous les âges, enfants, vieillards, et jusqu'à des hommes et des femmes dans la force de l'âge; c'est à qui viendra se poser devant vous, marchant sur vos pieds, vous suivant obstinément, en se tenant près de vous, côte à côte, se mettant presque dans votre poche en vous présentant une main sale, noire, et vous débitant toutes les phrases d'usage.

Certes, c'est un plaisir, c'est un devoir même de faire le bien et de secourir les malheureux, mais aussi il est ennuyeux d'être dupe de misérables qui pourraient gagner leur vie en travaillant, et au lieu de cela font un métier de la mendicité.

Quand celui qui vous demande est un enfant, il est bien rare que vous le refusiez : quand c'est un aveugle, vous donnez toujours! mais les aveugles ne s'attachent pas à vous et ne marchent pas en se tenant contre vos poches. Les habiles dans le métier ne manquent pas de venir vous demander lorsque vous êtes arrêté pour causer avec une connaissance ; alors pas moyen de continuer votre conversation ! Les mots :

« — Mon bon monsieur! ou ma bonne dame!... Je n'ai pas mangé depuis deux jours... » bourdonnent continuellement à vos oreilles ; il faut absolument donner si vous voulez pouvoir causer en liberté avec la personne que vous venez de rencontrer.

Ah ! combien de fois ne l'ai-je pas entendue cette phrase :

« — Monsieur, ayez pitié d'un malheureux sans ouvrage qui n'a pas mangé depuis deux jours!... »

Vous regardez celui qui s'adresse à vous pour tâcher de deviner sur sa physionomie s'il vous trompe, ou s'il dit vrai. Bien souvent vous n'avez pas besoin de le regarder, il vous suffit de le sentir ; il exhale une odeur de vin ou d'eau-de-vie qui vous annonce que si ce malheureux n'a pas eu de quoi manger, il a toujours eu de quoi boire. Messieurs les mendiants n'ont pas encore trouvé moyen de se désinfecter la bouche lorsqu'ils empoisonnent le vin ou l'alcool ; je les engage à s'occuper de cela. Enfin si celui qui vous demande ne semble pas sortir du cabaret, si son teint est pâle, sa contenance aussi triste que ses yeux, vous donnez et vous avez raison ; dussiez-vous être encore pris pour dupe, cela vaut mieux que de refuser à un être vraiment malheureux.

Ce que je ne puis souffrir, ce sont les gamins de six à huit ans, il y en a même au-dessous, qui sont envoyés par de misérables femmes qui, dès le matin, en ramassent une douzaine, puis les lâchent dans les jambes des passants, comme on lâcherait des chiens pour vous faire tomber.

Ces enfants viennent à vous en courant, en sautillant, et vous demandent la charité en vous faisant des grimaces, qu'ils veulent rendre piteuses et qui ne sont que comiques. Lorsque vous les renvoyez avec humeur, quelques-uns vous font alors un pied de nez et s'éloignent en vous tirant la langue.

Je m'attends à voir incessamment cette belle jeunesse, non, je me trompe, je veux dire : cette vilaine jeunesse, demander l'aumône avec une pipe à la bouche : ce sera le bouquet.

A propos de bouquets, voilà encore une *scie!*... Excusez le mot, mais c'est le seul qui peigne bien la chose ; un de mes confrères..., je ne sais plus lequel, mais ça m'est égal, a fait une pièce sur les *petites misères de la vie*. Il n'a fait là-dessus qu'un acte, ce ne serait pas assez de cinq pour parler de toutes celles qu'il nous faut endurer chaque jour.

La marchande de bouquets ambulante n'est pas une des moindres. Si vous vous promenez avec une dame sous le bras (et elles ont un tact étonnant pour deviner quand ce n'est pas le mari et la femme), la marchande de bouquets vient vous fourrer presque sous le nez un paquet de roses ou de violettes.

— Monsieur, achetez-moi un joli bouquet pour madame...

Vous repoussez la marchande en faisant semblant de ne pas entendre, et vous pressez un peu le pas; mais la femme aux bouquets emboîte son pas sur le vôtre, et continue en vous mettant les fleurs sous les yeux :

— Monsieur, un bouquet pour madame..., vous ne pouvez pas refuser de fleurir madame..., vous êtes trop galant pour cela...

Vous mâchonnez votre moustache, quand vous en avez une; vous éprouvez la plus violente envie de donner de votre pied dans la jupe de cette femme. Quand la dame qui est à votre bras est une ancienne connaissance, avec qui vous n'êtes plus sur le ton de la cérémonie, elle est la première à dire à la marchande :

— Non, madame, je ne veux pas de bouquets, les fleurs me font mal...

Alors vous vous empressez d'ajouter :

— Laissez-nous donc tranquilles, vous voyez bien que madame ne veut pas de vos fleurs... passez votre chemin !...

Mais quand vous êtes au spectacle, si, dans un entr'acte, vous vous promenez en donnant le bras à une cocotte, ou à quelque chose d'approchant, vous aurez bien de la peine à vous en tirer. La bouquetière voit votre embarras, elle en profite ; en vain vous essayez de la repousser, elle met son bouquet sur le bras de votre dame en s'écriant :

— Si ! si ! madame en veut bien, madame le prend ! madame est contente que vous la fleurissiez. Voyez donc comme ce bouquet fait bien sur madame !...

Pas moyen alors de refuser les fleurs. Ne pouvant faire autrement, vous tâchez de sourire, d'être aimable, vous demandez combien vous devez ; la marchande vous demande deux francs pour un bouquet qui vaut peut-être six sous ! mais les rusées commères savent bien que vous n'oserez pas marchander devant une dame ; vous payez sans faire la grimace, et pendant l'acte suivant, votre dame, qui a posé son bouquet à côté d'elle, ne remarque pas qu'un gros monsieur s'est assis dessus. L'acte fini, cette dame cherche son bouquet, elle dit au gros monsieur, son voisin :

— Il était là, à votre place..., vous l'avez donc fait tomber?

On se lève, on cherche à terre, partout ; enfin le monsieur se retourne et on aperçoit le bouquet collé au fond de son pantalon ; il le détache de son derrière et le présente à cette dame qui le repousse avec mépris. Vous voyez tout cela, et quand votre dame vous dit d'un air désolé :

— Mon pauvre bouquet!... quel dommage!... mais vous m'en achèterez un autre, n'est-ce pas ?

Vous ne sortez plus dans l'entr'acte, de peur de rencontrer encore la marchande de bouquets.

Enfin jusqu'au bois de Boulogne, lorsque vous vous y promenez en voiture découverte, ces maudites marchandes de bouquets vous poursuivent.

Vous avez voulu, après votre dîner, aller respirer un air qui ressemble un peu à celui de la campagne ; je dis qui ressemble, et vous conviendrez avec moi que j'ai raison. Le bois de Boulogne n'est pas absolument la campagne, surtout depuis que l'on en a fait un parc ; mais enfin l'air est plus frais, plus pur dans ses belles allées que dans l'intérieur de Paris. Vous voilà parti avec une dame, car je ne suppose pas que vous iriez vous promener seul, ce ne serait pas gai, et vous n'auriez personne pour partager le plaisir de respirer la poussière, non, je veux dire : le bon air des Champs-Élysées. Vous voilà donc parti avec une dame..., avec deux, si vous voulez; quelquefois même on en emmène trois, quand on a une calèche, il y a de la place; mais il me semble qu'il est plus agréable de n'être que deux, alors la causerie est plus intime, plus expansive. Vous roulez donc, dans un doux tête-à-tête..., lorsque tout à coup une figure se présente à la portière de votre victoria, puis un bras s'allonge, un bouquet fané, commun, surgit devant vous et une voix enrouée s'écrie :

— Mon bourgeois ! un bouquet pour votre dame!

Vous donnez au diable l'importun qui vient de troubler votre entretien, vous repoussez le bras et les fleurs en disant :

— Nous n'en voulons pas! mais le marchand ou la marchande de bouquets, car aux Champs-Élysées le commerce est exercé par l'un et l'autre sexe, enfin le bras au bouquet vous poursuit, ces gens-là vont aussi vite que les chevaux; quand vous ne répondez pas, ils jettent le bouquet dans votre voiture ; irrité de cette insistance, vous lancez le bouquet dehors. Oh! alors, on ne manque pas de vous crier :

— Va donc, pané!... ça se fait rouler en voiture et ça n'a pas le moyen de payer une rose à sa cocotte!... Allez donc, mes trognons, c'qui vous faut, c'est une soupe à l'ognon!...

O tant doux pays de France? *Quantum mutatus ab illo*

II

LE JEUNE HOMME ET LA DEMOISELLE.

Et ces réflexions que nous venons de faire devaient être aussi celles que faisait Adhémar Derneuil, jeune employé du commerce qui, sur les dix heures du soir, menait au bois de Boulogne, dans une petite victoria, mademoiselle Ariane Frotini, employée dans un fort magasin de lingerie, situé rue de Rivoli, près de la place du Châtelet.

Voulez-vous que nous vous fassions tout de suite e portrait de ces deux personnages, que nous vous apprenions sur-le-champ à qui vous avez affaire ? Vous le voulez bien, n'est-ce pas ? et puis, tranquillisez-vous, ce ne sera pas long; car nous n'aimons pas ces généalogies qui n'en finissent plus, et dans lesquelles, sous prétexte de vous dire ce que c'est que le personnage qu'il vous présente, l'auteur vous raconte l'histoire du père, du grand-père, quelquefois des oncles de son héros ; en général, nous n'aimons pas ce qui est fastidieux, prétentieux, ennuyeux, lamentable, incroyable, épouvantable et intarissable... que de choses nous n'aimons pas !... et nous nous figurons que nos lecteurs sont comme nous : aller droit au but, nous semble la meilleure ligne à suivre. Vous allez nous répondre :

— Eh bien ! arrivez-y donc !... C'est juste, nous ne voulons pas que les autres bavardent, et nous faisons ce que nous blâmons chez eux !... Il y a un proverbe italien qui dit : *Pensa molto, parla poco, e scrivi meno*. Comme vous n'êtes pas obligé de savoir l'italien, voici la traduction : Pense beaucoup, parle peu et écris moins. Je n'ai jamais rencontré personne qui sût réunir ces trois qualités-là.

Adhémar Derneuil a vingt-sept ans ; il est de taille moyenne, jolie tournure, pas joli garçon, parce qu'aucun de ses traits n'est correct ; ses yeux sont petits, son nez fort, sa bouche grande, son teint jaune ; et malgré cela sa figure n'est pas déplaisante, elle a même parfois du charme, parce qu'il a de la physionomie, que ses yeux prennent une expression vive et spirituelle lorsqu'il s'anime et parle d'une personne ou d'une chose qu'il affectionne. Ce jeune homme est très-impressionnable, il se laisse facilement séduire, attirer, attendrir; cependant, il a assez de raison, de jugement, on pourrait même dire d'expérience pour connaître le monde et se méfier des apparences; mais il y a des faiblesses et des défauts dont on ne se corrige pas, et tel est habitué à céder à son premier mouvement qui l'entraîne souvent à être pris pour dupe, qui retombera sans cesse dans cette faute, parce qu'elle est dans sa nature et que : *Chassez le naturel, il revient au galop.* Ce proverbe n'a jamais menti.

Adhémar a perdu de bonne heure son père et sa mère. Une tante l'a élevé en se plaignant beaucoup du fardeau que les défunts lui laissaient. Cependant madame Trémouille, c'est le nom de cette tante, a sept ou huit mille francs de revenu ; avec cela une femme seule peut vivre fort à son aise et, sans se priver en rien, prendre soin de son neveu. Mais madame Trémouille ne pense, ne vit, n'agit que pour elle ; le monde, c'est elle ; le soin de sa santé, de sa table, de ses plaisirs, voilà tout ce qui l'occupe. *Primo mihi*, et secondo... encore *mihi!* voilà sa manière de voir. Avec ce que le père d'Adhémar avait laissé, c'était peu de chose à la vérité, elle a pu payer la pension de son neveu; mais lorsque celui-ci eut atteint l'âge de quinze ans, comme il ne restait plus rien du modeste héritage, madame Trémouille trouva moyen de faire entrer Adhémar dans un grand magasin de nouveautés. Le petit neveu n'avait pas fini ses études, mais la tante prétendit qu'un homme n'avait pas besoin de savoir le latin et de traduire *Virgile* pour auner du calicot, ou mesurer du poult-de-soie; elle avait peut-être raison, pour le latin, mais elle ne l'avait pas pour l'anglais et l'allemand, deux langues qu'il est toujours très-bon de connaître quand on est dans le commerce... et même sans cela.

Heureusement pour Adhémar, il avait le plus vif amour pour l'état qu'on lui faisait embrasser; il aimait le commerce, et il calculait déjà avec une grande facilité; on remarque bien vite les qualités des personnes que l'on emploie. Adhémar obtint un rapide avancement; à dix-huit ans, il gagnait déjà de quoi se donner ces plaisirs que recherchent les jeunes gens.

Mais de tous les plaisirs, celui qui a presque toujours la préférence, est souvent aussi le plus coûteux. Vous devinez bien duquel je veux parler. Quand on veut courir après les belles, faire des conquêtes, se donner des maîtresses, enfin, il est indispensable d'avoir le gousset bien garni. On fait triste figure près d'une femme que l'on est obligé de reconduire chez elle à pied !... et c'est alors qu'il faut dire avec le poëte : *Sine Cerere et Baccho, Venus friget.*

Cependant Adhémar n'était point ce que l'on appelle un *vureur;* ce qu'il désirait, c'était de rencontrer une femme qui l'aimât véritablement, qui voulût bien s'attacher à lui. Alors il se serait trouvé très-heureux et n'aurait pas désiré changer; ce n'était pas sa faute si, jusqu'alors, il n'avait pas formé la liaison qu'il cherchait.

Maintenant il a vingt-sept ans, mais il a un emploi de premier commis dans une forte maison de commerce; il gagne quatre mille francs par an, il est à son aise, n'a pas la moindre dette, commence même à mettre quelque argent de côté, et porte tous les ans, aux étrennes, un fort beau sac de bonbons à sa tante, madame Trémouille, qui en revanche lui fait cadeau d'un porte-cigares de treize sous, mais ne l'invite pas à dîner.

Pour le moment, Adhémar roule en victoria avec mademoiselle Ariane Frotini, dont il est éperdument amoureux depuis un mois, mais de laquelle il n'a encore obtenu aucun rendez-vous, aucune faveur; c'est presque leur premier tête-à-tête.

Arrivons à mademoiselle Ariane Frotini : première demoiselle de comptoir dans un grand magasin de lingerie.

Mademoiselle Ariane se donne vingt-quatre ans. A-t-elle plus, a-t-elle moins? c'est ce que nous ne pourrions pas vous dire ; est-ce que l'on connaît jamais bien les femmes ?... avec elles, il y a toujours un dessous de cartes, quelque chose de caché, que l'on vous garde pour le mot de la fin, ou que l'on ne vous dira jamais, cela dépend des circonstances.

Mademoiselle Ariane est plutôt petite que grande, elle est grassouillette et très-bien faite ; sa taille est ronde, souple, et se plie facilement à tous les petits mouvements gracieux dans lesquels une femme excelle. C'est une blonde, aux yeux bleus, au teint rose, au petit nez futé ; la bouche, rieuse, laisse souvent voir de fort jolies dents, bien blanches, bien irréprochables, et, si elles ne sont pas positivement enchâssées dans des feuilles de rose... comme un poëte aime à le dire, elles sont du moins placées dans une bouche bien fraîche, de ces bouches sur lesquelles on sent qu'il doit être doux de cueillir un baiser. De plus, mademoiselle Ariane a au menton une petite fossette qui semble aussi un nid pour les amours ; les cheveux blonds, qui sont très-beaux, très-abondants, se prêtent volontiers à toutes les coiffures, et celle qui les possède en change souvent; un jour de longues boucles tombent presque sur son col; une autre fois, ce sont des bandeaux bien lisses qui se collent sur son front; ou bien ses cheveux sont relevés en l'air, ou nattés, ou crêpés, à la chinoise ou à la pompadour; enfin cette demoiselle aime à varier, à ne pas être toujours la même; mais de quelque façon qu'elle se coiffe, Ariane est toujours une très-jolie femme, bien faite pour plaire, pour séduire; aussi fait-elle de nombreuses conquêtes.

Ses compagnes du magasin ne manquent pas de dire qu'elle est extrêmement coquette et de trouver fort ridicule que sa coiffure ne soit pas toujours la même. Le matin, avant que mademoiselle Ariane soit descendue à son poste, les ouvrières, qui sont en grande partie sous ses ordres, ne manquent pas de s'occuper d'elle pour en dire du mal, et tâcher de la trouver laide, ce qui ne leur est pas facile; mais entre femmes on y arrive toujours.

— Je suis curieuse de voir comment elle sera coiffée, ce matin, dit une petite brune, qui louche.

— Hier elle était fort mal; les bandeaux ne vont pas à l'air de sa figure... pour porter des bandeaux il faut avoir une physionomie modeste, candide, et comme Ariane a plutôt l'air effronté, ça ne lui va pas du tout!

— Et tu lui as dit, pourtant, qu'elle était très-bien coiffée.

— Qu'elle est bête, cette Justine !... justement, je lui ai dit cela parce qu'elle l'était mal... si elle avait été bien, je lui aurais dit le contraire.

— Mesdemoiselles... certainement Ariane est jolie... on ne peut pas le nier..., mais il y a des jours où elle est bien fanée, bien fatiguée...

— Jolie !... jolie !.. qu'est-ce qu'elle a donc après tout de si joli, cette demoiselle ? dit une jeune fille, qui a été mal vaccinée ; parce qu'elle a de grands cheveux filasse et des yeux d'un bleu de faïence, qui me rappellent toujours ceux que je voyais au fond des vases de porcelaine que mon père vendait...

— Ah ! quelle horreur !... voilà qu'elle va dire que les yeux d'Ariane sont comme ceux que l'on peint au fond des...

— Eh bien ! pourquoi pas ?... on en fait de très-beaux, dans ces... vases-là !...

— Ton père en vendait donc ?

— Il en vend toujours ! c'est un très-bon commerce..., ce sont de ces objets qui vont en tous temps... c'est de première nécessité !...

— Enfin, mesdemoiselles, dit une assez belle fille, qui a l'air mélancolique, il faut bien que mademoiselle Ariane soit jolie, puisqu'elle fait tant de conquêtes !...

— Qu'est-ce que cela prouve? Qu'elle est extrêmement coquette, et pas autre chose. C'est peu difficile de faire des conquêtes, quand on fait de l'œil par-ci, de l'œil par-là; les hommes se laissent prendre comme des alouettes au miroir.

— Pourquoi donc que tu n'en prends pas, toi, Adèle?

— Parce que je ne veux pas, apparemment.

— Avec tout cela, on dit qu'elle est sage, Ariane.

— Ah! ouitche! sage, le plus souvent; parce qu'elle est rusée et qu'elle prend des précautions... mais le grand monsieur soi-disant banquier... et le beau jeune acteur du Châtelet... et le gros entrepreneur de bâtiments qui avait toujours des bonbons dans ses poches... est-ce que vous croyez que c'était seulement pour regarder les faux-cols qu'ils rôdaient sans cesse devant le magasin?

— Comment! tu crois qu'Ariane a eu des relations intimes avec ces messieurs-là?

— Oui, je le crois; j'en mettrais ma main au feu..., Oh! c'est que je vois tout, moi, sans en avoir l'air... les regards, les signes... Puis j'ai vu glisser des billets doux...

— Ah! si madame savait cela!... elle qui vante tant la conduite de mademoiselle Frotini!...

— Ariane est donc Italienne, pour s'appeler Frotini?.

— Laissez donc! elle est Italienne comme mon serin!... Elle ne s'appelait pas Frotini, autrefois, mais tout bonnement Frotin; alors, pour faire de l'esbrouffe, elle a ajouté un i à son nom, et de Frotin elle a fait Frotini... C'est pas plus malin que ça!...

— Ah! elle est bien bonne, celle-là!... Et comment sais-tu cela, Adèle?

— Parce qu'une fois une de ses cousines, qui est, je crois, fruitière, est venue ici demander mademoiselle Ariane Frotin. Celle-ci était absente; mais, à son retour, elle a bien été obligée de faire accueil à sa cousine...

— Tiens! tiens! et elle se donne des airs de princesse... Son père vend peut-être des vases, comme le tien?

— Je le lui souhaiterais; ça lui ferait un oreiller pour ses vieux jours. Et, pour le moment, est-ce que vous n'avez pas remarqué un des employés du grand magasin de nouveautés, là-bas, à droite, qui rôde sans cesse par ici et s'arrête devant nos étalages?

— Ah! un jeune homme brun, pas beau, le teint jaune...

— Mais l'air très comme il faut, toujours des bottes vernies.

— Je n'ai pas remarqué ses bottes, mais j'ai vu souvent son nez, qui n'est pas verni, et qu'il colle contre les vitrines quand Ariane est là.

— Crois-tu qu'elle l'ait remarqué?

— Ah! cette question !... C'est-à-dire que les signes d'intelligence vont déjà leur train. Il y a un redoublement de coquetterie chez Ariane.

— Je ne le trouve pas joli garçon, ce jeune homme-là.

— Non, mais il paraît qu'il a de l'os... et c'est quelque chose. On vous mène dîner chez le traiteur, on vous fait manger des truffes, des écrevisses bordelaises, boire du champagne, puis aller au spectacle, en loge plus ou moins grillée...

— Ah! moi, si j'aimais quelqu'un, ce ne serait pas pour la gourmandise...

— Bon! ça se dit; mais on ne peut pas toujours soupirer, et un souper fin, c'est si bon, avec une omelette soufflée...

— On dit que ce n'est plus la mode, qu'on ne mange plus que des *parfaits*.

— Qu'est-ce que c'est qu'un parfait ?

— C'est une espèce de fromage glacé au café, ou à la vanille ; c'est le dernier genre ; ma cousine a son prétendu qui lui en a fait prendre un, en cabinet particulier.

— Si ta cousine prend déjà quelque chose en cabinet particulier, avec son prétendu, je doute qu'il la mène jamais à la mairie. Mais, que ce soit la mode ou non, je déclare que je demanderai toujours une omelette soufflée quand je dînerai chez le traiteur.

— A propos de soufflé, mesdemoiselles, vous avez remarqué, hier au soir, ce jeune homme arrêté devant notre montre... C'est celui-là qui est soufflé ; il a des joues comme des pommes d'api.

— Oh ! je le connais ; voilà plusieurs jours qu'il s'arrête pour nous regarder.

— Je le crois du quartier.

— Mais assurément ; c'est Ernest Moulard, premier clerc chez le notaire là-bas, à gauche.

— Tiens, tu sais ça, toi, la vaccinée ?

— Pourquoi ne le saurais-je pas ? J'ai une amie dans la maison du notaire chez qui travaille Moulard.

— Ah ! elle dit Moulard tout d'un trait, sans dire monsieur. Avez-vous entendu, mesdemoiselles ?

— Eh bien, après ! qu'est-ce que cela prouve ? Elle est méchante, cette Louisa.

— Il n'est pas vilain, Moulard.

— Moi, je n'aime pas les hommes gras ; ce n'est pas sentimental.

— Oh ! toi, Léonore, tu es pour le romantique.

— Et puis votre clerc de notaire a un air moqueur ; il rit toujours en nous regardant.

— Non-seulement il rit, mais souvent il nous tire la langue.

— Où est le mal ? Si c'est sa manière de sourire.

— Alors, il pourrait nous montrer son postérieur, en disant que c'est sa manière de saluer ?

— Décidément, Louisa, tu en veux à Moulard, parce qu'il n'a pas répondu à tes œillades, apparemment.

— Mes œillades !... Apprenez, mademoiselle, que je n'en fais à personne. Je m'occupe de mon ouvrage, et je ne passe pas mon temps à épier ce que font les autres.

— C'est-à-dire que tu ne fais que cela.

— Taisez-vous ; vous êtes une chipie.

— Silence, mesdemoiselles ; voici madame. Si elle entendait qu'on se querelle, c'est elle qui se mettrait en colère...

Laissons les demoiselles lingères se mettre vivement à leur place... Nous savons maintenant ce que c'est que mademoiselle Ariane Frotin ou Frotini!
Retournons sur la route des Champs-Élysées.

III

DEUX AMOUREUX EN CABRIOLET.

La victoria roulait modérément, comme roulent toutes les voitures prises à l'heure. Adhémar est assis tout près de la blonde Ariane ; il a passé un de ses bras autour de la taille de la jolie lingère ; il serre cette taille contre lui, comme tout amoureux serre la femme à laquelle il fait la cour. On cherche bien quelquefois à se dégager de son étreinte, mais on n'y parvient pas ; et, d'ailleurs, on y met de la mollesse. Les discours brûlants vont leur train.

— Charmante Ariane, dites-moi que vous m'aimerez un peu.

— Mais, vous êtes bien pressé... Nous verrons si vous méritez que je vous aime.

— Dites-moi ce qu'il faut faire pour que vous en soyez persuadée, et je vous jure...

— Mon bourgeois, un bouquet pour madame ; il est tout frais, il embaume.

— Ah ! que le diable l'emporte ! je ne savais d'où venait cette voix. Laissez-nous tranquilles, avec vos fleurs... — Il y a si longtemps que je soupirais après ce moment !... Vous m'avez bien fait attendre ce rendez-vous.

— C'est que je suis très-tenue au magasin. Je ne sors jamais ; c'est un grand hasard que ce soir j'aie pu m'échapper plus tôt, et encore...

— Prenez mon bouquet, mon milord ; fleurissez votre dame.

— Ah ! cet homme m'a fait peur !... Comment font-ils pour courir aussi vite que le cheval ?... Mais laissez-nous donc en repos...

Au lieu de se retirer, l'homme au bouquet lance celui qu'il tenait dans la victoria. Adhémar est sur le point de le lui rejeter ; mais il réfléchit que cela pourrait se prolonger indéfiniment, et se décide à jeter en dehors une pièce de monnaie. Alors on le laisse tranquille, et il peut enfin reprendre son entretien avec la personne qu'il mène au bois.

— Savez-vous bien, charmante Ariane, qu'il y a longtemps que je vous aime?

— Vraiment?... Et pourquoi ne me l'avez-vous pas dit plus tôt?

— Mais il fallait trouver une occasion. Quand vous sortiez, et que je vous suivais, dans l'espoir de vous rejoindre et de vous parler, je vous voyais toujours accostée par un grand monsieur d'une quarantaine d'années, au teint coloré...

— Ah! c'est mon oncle. Oui, il m'attendait quelquefois...

— Un jour même vous êtes montée en voiture avec lui.

— Ah! je me rappelle... il me menait chez un homme de loi pour une succession d'une parente éloignée. J'avais des papiers à signer.

— Mon Dieu, après tout, cela ne me regarde pas, et vous n'avez aucun compte à me rendre.

— Oh! c'est égal, je suis bien aise que vous sachiez que j'étais avec mon oncle, parce que vous auriez pu penser autre chose, avoir de mauvaises idées sur mon passé.

— Pourquoi mauvaises? N'êtes-vous pas votre maîtresse?

— Ce n'est pas une raison pour écouter les hommes, pour avoir des intrigues. Ah! fi! l'horreur!... Quand j'aimerai quelqu'un, il pourra être tranquille, je ne changerai jamais.

— Vous m'enchantez. Comme nous serions bien nsemble... moi, qui déteste aussi le changement, .noi, qui rêve une maîtresse sensible, aimante, fidèle. Vous voyez bien que c'est moi que vous devez écouter. Est-ce que vous êtes Italienne ?

— Pourquoi me demandez-vous cela ?

— C'est à cause de votre nom de famille. Frotini ? cela a quelque chose d'italien.

Mademoiselle Ariane hésite un instant, puis répond :

— Oui ; mon père était des environs du Vésuve, mais ma mère était Française.

— Vous les avez perdus tous les deux ?

— Hélas ! oui ; je suis tout ce qu'il y a de plus orpheline. Et vous ? Il y a longtemps que vous êtes dans votre magasin de nouveautés ?

— Oui, plusieurs années... Que votre main est douce, que vos yeux sont ravissants !

— Flatteur !... Et vous avez de forts appointements, chez vos patrons ?

— Quatre mille francs, et des gratifications au bout de l'année... Vous êtes coiffée comme un ange.

— C'est gentil, quand avec cela on a déjà quelque chose. Avez-vous des actions sur la ville de Paris ?

— Ah ! mon Dieu ! est-ce que vous vous occupez de ces choses-là ? Est-ce que vous avez de l'argent à placer ?

— Hélas ! non ; mais je voudrais bien en avoir.

— Une jolie femme ne doit désirer de l'argent que pour le dépenser en toilette, en chiffons, en parures, enfin.

— Oui, il en faut pour cela ; mais ça n'empêche pas de désirer mieux. Moi, je voudrais avoir au moins une action sur la ville, parce qu'il y a des lots, de très-gros lots à chaque tirage ; je crois qu'on peut gagner jusqu'à deux cent mille francs d'un coup. Eh bien, si j'avais seulement une action, je pourrais espérer de gagner le gros lot ; cela me rendrait très-heureuse.

— Mon Dieu ! vous avez bien le temps de songer à la fortune ; vous êtes dans l'âge où l'on ne doit songer qu'à l'amour.

— Vous croyez ? Mais l'un n'empêche pas l'autre. Ce n'est pas que je tienne à l'argent... d'abord, quand j'en ai, je ne peux pas le conserver ; je le dépense tout de suite ; mais c'est justement pour cela que je songe parfois à l'avenir.

— Nous voici dans le bois ; voulez-vous descendre un peu, et que nous nous promenions un moment sur les bords du lac ?

— Oui, je veux bien.

Adhémar fait arrêter le cabriolet ; il en descend, t reçoit dans ses bras la blonde Ariane, qui se laisse aller assez facilement dans les bras de son cavalier. On passe sous un petit fourré de bois, et l'on suit une de ces allées étroites et toutes tracées qui serpentent contre les bords du lac. Le jeune homme propose une promenade en bateau, mais Ariane refuse; elle a peur de l'eau. Adhémar voudrait s'asseoir dans un endroit touffu, retiré; mais cherchez donc maintenant des endroits touffus au bois de Boulogne !... Il ne faut pas non plus espérer y trouver la solitude; à chaque instant vous rencontrez des promeneurs, des sociétés, quelques couples d'amoureux. Mais ceux-ci sont rares; ce n'est plus dans une promenade si fréquentée que les amoureux vont échanger leurs serments, exhaler leurs soupirs. On peut bien encore y cueillir de temps à autre un baiser sur les lèvres de sa compagne, mais il ne faut pas que cela aille plus loin.

La séduisante Ariane fait bien quelques difficultés pour se laisser embrasser; mais notre amoureux y arrive enfin, et, tout heureux d'avoir obtenu une faveur qui lui en promet d'autres, il serre dans ses bras la jeune femme, qui balbutie :

— J'ai bien soif; il fait si chaud, aujourd'hui !

— Mon Dieu ! et moi qui ne pensais pas à vous offrir quelque chose !... Pardonnez-moi, l'amour me tourne la tête; mais il y a ici près un café... Je voydrais pouvoir vous faire prendre des glaces. Je ne sais si nous en trouverons à ce café.

— Oui, oui ; oh ! il y en a de très-bonnes.

— Vous y avez déjà été?

— Oui ; mon oncle m'y a menée un soir... avec une de mes cousines.

Adhémar aurait pu se dire que cet oncle-là était bien galant, ce qui est assez rare entre parents ; mais il a encore sur les lèvres tout le charme du baiser qu'il vient de ravir ; il ne s'inquiète plus de l'oncle, et ramène vivement sa belle à leur voiture, qui les arrête bientôt devant le café qui est situé presqu'au milieu du bois de Boulogne.

Il y a beaucoup de monde à ce café du bois ; aussi, a-t-on placé des tables tout le long de l'allée qui s'étend contre la maison, et dans laquelle vont se ranger les voitures des personnes qui sont au café. La société est assez élégante, quoique fort mêlée ; beaucoup de cavaliers, qui se promenaient le soir, font aussi une halte en cet endroit. Adhémar, comme tous les nouveaux amoureux, cherche un endroit un peu écarté, un bosquet, dans lequel on serait séparé du monde, mais Ariane ne semble pas vouloir se dérober aux regards, elle s'assied à une table placée au milieu de plusieurs autres et qui sont presque toutes occupées par des jeunes gens à la mode.

— Comment!... vous voulez vous mettre là? demande Adhémar à sa conquête.

— Mais sans doute... n'y serons-nous pas très-bien?

— On est trop entouré de monde...

— Qu'est-ce que cela nous fait?... Est-ce que vous avez peur que l'on vous vole avec moi?

— Oh! par exemple!... j'en serais fier plutôt!...

— Eh bien, alors, il ne faut pas vous cacher...

— Vous ne craignez pas que... votre oncle, ne nous voie ici?

Ariane ne put s'empêcher de laisser échapper un sourire moqueur, mais elle se pince bien vite les lèvres, en répondant :

— Mon oncle n'est pas mon père!... ni mon tuteur... ni rien du tout pour moi... Je suis entièrement maîtresse de mes actions, et assez grande pour faire ce qui me convient... je ne relève que de ma patronne... Mais ma lingère sait bien que je sais me conduire...

— Oh! tant mieux!... tant mieux!...

— Par exemple, j'aime le spectacle... il faudra m'y mener quelquefois...

— Tant que vous voudrez, je l'aime beaucoup aussi.

— Mais je ne veux aller qu'aux avant-scènes, ce

sont les seules places où je me trouve bien... C'est si amusant de voir les acteurs de près!...

— Je vous mènerai aux avant-scènes, c'est convenu... Garçon!... des glaces!

Une table s'est trouvée vide près de celle de nos amoureux; plusieurs jeunes gens viennent s'y placer et se font donner du punch. Ces messieurs parlent tout haut, comme c'est assez l'habitude des jeunes dandys; et naturellement ils lorgnent la jolie blonde qui est assise près d'eux, et qui, d'ailleurs, est la seule, en cet endroit, qui mérite d'être remarquée.

— Luceval, il me semble que ton cheval est vicieux il a manqué de te jeter par terre près du lac...

— Mais non... pas du tout... C'était des petites gaietés auxquelles il se livrait... J'aime assez qu'un cheval ait quelquefois de ces allures qui exigent que l'on soit bon cavalier!...

— Merci! depuis que le mien m'a jeté contre une borne où je me suis cassé deux dents, je ne le monte plus...

— Tu ne vas pas à l'Opéra, ce soir?

— Peut-être... il n'est que dix heures et demie... J'ai encore le temps...

— Messieurs, vous n'avez pas vu Anatole Pipeau au bois, ce soir?

— Non, est-ce qu'il t'avait donné rendez-vous?

— Oui, il devait ensuite me mener chez la comtesse... vous savez, sa dernière bonne fortune?...

— Ah! la comtesse vénitienne... soi-disant!... Je soupçonne cette dame d'être une ancienne danseuse de corde...

— Ah! ah!... quelle idée!... Est-ce que Pipeau a fait sa conquête sans balancier?...

— Voilà un mot que tu devrais envoyer aux journaux...

— Ils en disent quelquefois qui ne le valent pas.

— Comtesse ou non, cette dame est une belle brune, et comme Pipeau à l'intention de la lâcher, je me suis mis sur les rangs pour le remplacer...

— Bah! tu crois que Pipeau veut déjà la quitter, cette belle comtesse?...

— Oui... Oh! Pipeau devient un roué, un séducteur fini... il ne trouve plus de cruelles!

— Non, surtout depuis qu'il a gagné deux cent mille francs à Monaco... En voilà une veine?

— Et le plus adroit, c'est qu'il a eu l'esprit de ne pas les reperdre et de fuir aussitôt la roulette pour revenir à Paris...

— Maudite roulette!... moi, je n'y ai jamais gagné...

— Moi, j'y ai gagné souvent, mais je reperdais toujours après...

Le couple d'amoureux entendait toute cette conversation, qui semblait beaucoup amuser la jolie Ariane, tandis qu'elle ennuyait infiniment Adhémar; d'autant plus qu'elle était accompagnée de fréquents regards jetés sur sa belle; puis, ces messieurs se regardaient entre eux en souriant et en faisant de ces petits signes de tête qui annoncent que l'on est charmé de ce qu'on voit.

— Quand vous voudrez que nous remontions en voiture... je suis à vos ordres, dit doucement Adhémar.

— Oh! nous avons le temps... il fait si bon ici! à peine si nous arrivons...

— C'est que... je trouve que nous étions mieux dans la voiture pour causer... ici tous les jeunes gens vous regardent...

— Eh bien, cela ne me fait pas peur... où est le mal?

— Mon Dieu!... c'est tout naturel, au contraire... Mais cela n'en est pas plus amusant pour moi... qui me trouvais si heureux en tête-à-tête avec vous...

— Oh! cela se retrouvera.

— Ah! voilà Pipeau!

— Voilà monsieur Anatole de Pipeau!

Ces exclamations sont poussées par les trois jeunes gens assis à la table voisine; et un grand jeune homme blond, mince, fade, assez beau garçon; mais dont la physionomie balance entre l'impertinence et la sottise, et réunissant quelquefois ces deux expressions, s'avance vers ces messieurs, un petit monocle collé sur un œil et jouant avec une jolie petite canne, pas si longue que son bras.

De ce beau monsieur, qui est habillé comme sur un journal de modes, sort une voix claire et criarde qui dit :

— Bonsoir, mes chers! bonsoir, mes bons!... Ah! vous prenez du punch... et pas glacé!... fi donc!... par la chaleur qu'il fait!...

— Moi, je n'aime que ça... On prend ce qui fait plaisir...

— Viens donc t'asseoir près de nous, Pipeau.

— Une minute, messieurs; laissez-moi reconnaître l'endroit... examiner la société qui s'y trouve!... Jusqu'à présent je ne vois rien qui mérite mon attention!...

— Mais après avoir regardé autour de lui, les regards de M. Pipeau viennent s'abattre sur la blonde Ariane; alors il s'écrie :

— Oh! mais, je me trompais... je ne voyais pas bien... et j'aperçois quelque chose de bien séduisant... Pardieu, messieurs, vous avez bien choisi la place... et je suis des vôtres.

Ces paroles, dites assez haut pour qu'on pût les entendre à la table voisine, sont accompagnées de regards braqués sur la jolie lingère, qui fait toutes ces petites mines coquettes qui annoncent que l'on a parfaitement compris ; puis le beau Pipeau prend une chaise et va se placer tout près d'Ariane.

Adhémar sent la colère lui monter au visage ; il regarde assez fixement le nouveau venu, mais celui-ci n'a pas l'air d'y faire attention. Comme il n'a pas le droit d'empêcher ce monsieur de s'asseoir près de la table, il lui faut prendre patience et supporter cette contrariété. Mais il a depuis longtemps avalé sa glace, tandis qu'au contraire sa dame met un temps infini à prendre la sienne.

M. Anatole Pipeau continue de parler tout haut :

— Eh bien, Darcy, as-tu toujours envie que je te présente chez la comtesse ?

— Mais oui... plus que jamais... Je la trouve charmante moi, cette dame, j'en suis toqué, et comme tu m'as dit que tu voulais rompre avec elle...

— Oui, oh ! c'est fait ! c'est fini !... nous nous sommes très-bien quittés... comme gens qui savent vivre... maintenant nous sommes fort bons amis. Mais désormais j'ai assez de brunes comme cela... En voilà cinq ou six que j'ai subjuguées, il faut changer l'affiche... Ce que je cherche à présent, c'est une blonde... une de ces jolies blondes aux yeux bleus et tendres... au teint rosé... aux dents perlées... l'air agaçant et langoureux tout à la fois... Est-ce que vous ne voyez pas cela d'ici?...

Le beau gandin venait de faire à peu près le portrait d'Ariane qui, tout en répondant aux phrases brûlantes d'Adhémar, jetait de temps à autre un regard sur son voisin au monocle. Les jeunes gens, amis de M. Pipeau, se sont empressés de s'écrier :

— Oui... oui... Oh! nous voyons quelle blonde pourrait te plaire !...

— Tu n'as pas mauvais goût!...

— Il a raison! vive les blondes!

— Oh! moi, je tiens pour les brunes!

— Et toi, Luceval, il me semble que tu as eu une maîtresse rousse?

— Oui, messieurs je ne m'en cache pas; il y a des rousses qui sont adorables... Après tout : *in varietate voluptas !*...

Mademoiselle Ariane, qui probablement tient aussi à se faire entendre, dit en élevant la voix :

— Croiriez-vous, monsieur Adhémar, que je n'ai pas encore vu la féerie du théâtre du Châtelet?... moi, qui demeure à deux pas, car notre magasin de lingerie, rue de Rivoli, n'est pas à trois minutes de la place?...

Cette manière de faire savoir son adresse fait sourire M. Anatole Pipeau, et fait, au contraire, froncer le sourcil au pauvre Adhémar, qui répond

— Mademoiselle, il sera facile de vous mener voir cette féerie, ainsi qu'à l'Opéra... quoique ce soit plus loin de chez vous... mais qu'importe que l'on demeure près ou loin ! Ordinairement on ne va pas à pied, quand on conduit une dame au spectacle...

— Oh ! certainement, nous ne prendrons pas une voiture pour aller au théâtre du Châtelet... J'en suis trop voisine...

Quelques minutes s'écoulent ; mademoiselle Ariane n'en finit pas de prendre sa glace, et Adhémar, qui remarque les œillades qu'on lui lance de la table à côté, brûle de partir, mais n'ose pas dire à sa conquête :

— Dépêchez-vous donc, je voudrais bien que vous ne fussiez plus lorgnée par ces messieurs.

Tout à coup, soit inadvertance, maladresse ou intention, la jolie blonde laisse tomber le bouquet qu'elle tenait à sa main et portait de temps à autre à son nez. Le bouquet tombe tout à côté du grand jeune homme au monocle, il se hâte de ramasser les fleurs et de les remettre à Ariane, en lui disant à demi-voix :

— Elles sont moins fraîches que vous !...

La jolie femme remercie en souriant. Adhémar se

retourne vivement, car il avait entendu quelques mots, mais regardait justement d'un autre côté lorsque le bouquet était tombé... Il y a des gens qui ont du malheur, ils ne regardent jamais où il faut.

— Qu'est-ce donc ! dit-il en se retournant.

— Mais rien!... mon bouquet que j'avais laissé tomber et que ce monsieur a eu la complaisance de ramasser...

— Mais il vous a parlé...

— C'est possible, quelques mots de politesse... Je n'ai pas bien entendu. Ah çà, dites-moi donc, est-ce que vous seriez jaloux, par hasard ? Oh ! ce serait un vilain défaut, et dont il faudrait vous corriger... Je n'aime pas les jaloux, moi !...

— Mais non, je ne le suis pas, je vous assure... seulement, je suis peut-être égoïste... Je voudrais avoir seul le bonheur de contempler celle que j'aime.

— Ah! ah!... Alors vous l'enfermeriez dans une armoire...

Cependant les jeunes dandys de la table voisine se lèvent et partent, non sans avoir lancé des œillades à mademoiselle Ariane. Le grand Pipeau y même ajouté de la pantomime, que sans doute cette demoiselle a comprise. Adhémar respire plus à l'aise depuis que ces élégants sont partis. Mais bientôt sa belle se lève aussi, en disant :

— Remontons en voiture... Tout le monde s'en va !...

On part. Adhémar retrouve son tête-à-tête, il redevient brûlant, passionné, et lorsqu'on approche de la demeure de la belle, lui dit bien tendrement :

— Vous voilà bientôt chez vous ?...

— Sans doute.

— Si... vous n'y rentriez pas ?... Si... vous vouliez accepter l'hospitalité chez moi ?

— Oh ! par exemple ! Y pensez-vous ?... ne pas rentrer... découcher !... Mais je serais perdue de réputation...

— On peut croire que vous avez été au bal toute la nuit...

— Oh ! non... nous ne sommes pas à l'époque des bals... et je ne suis ni en toilette ni déguisée.

— Alors... me permettrez-vous... de passer quelques instants chez vous ?...

— Êtes-vous fou ?... Il est minuit... On vous verrait rentrer chez moi... Puis, venir chez moi !... c'est impossible ! aucun homme n'est reçu chez moi.

— Diable !... Mais vous sortez... vous ?

— Ah ! Dieu merci !... je ne suis pas prisonnière... Mais à neuf heures, neuf heures et demie au plus tard, il faut être au magasin.

— Avant ce temps-là... on peut bien rendre une

petite visite à son ami... qui serait si heureux de vous recevoir.

— Oh! aller chez un jeune homme!

— Qui le saurait? Je loge dans la seconde maison après mon magasin...

— Je le sais bien... Je vous ai vu y entrer souvent.

— C'est une porte bâtarde... Le concierge n'est jamais dans sa loge le matin...

— Vous en êtes sûr?

— Très-sûr. Mon escalier est tout de suite à gauche en entrant... De bon matin on ne rencontre personne... Au quatrième... la porte à droite... D'ailleurs elle sera ouverte dès six heures du matin.

— Oh! c'est trop tôt... Mais à sept... peut-être...

— Vous viendrez?...

— Si vous me promettez d'être bien sage.

— Oh! cela va sans dire... Alors, vous viendrez...

— J'irai... parce que je suis curieuse de voir comment est tenue une chambre de garçon.

— Oh! vous êtes adorable!...

On était arrivé. Ariane rentre dans sa maison, et Adhémar ne la retient pas, car il avait peur qu'elle ne revînt sur sa promesse ; mais elle n'en avait pas l'intention.

IV

UN BON VIVANT. — UN GRAND VIVEUR.

Le lendemain, sur les onze heures, Adhémar entre dans un café situé à vingt pas de son magasin, et dans lequel il va presque tous les jours déjeuner Le jeune commis en nouveautés a l'air radieux, triomphant; une expression de bonheur brille sur tous ses traits; vous en devinez la cause : c'est que le matin il a reçu dans sa chambre la visite de la jolie blonde que la veille il a promenée au bois. Mademoiselle Ariane Frotilil n'a pas été longtemps cruelle. Inutile de vous dire que l'on s'est promis une fidélité éternelle!... Mais la jeune lingère a ajouté :

— Surtout, soyez prudent! Ne me compromettez

pas... Si un monsieur me parlait dans la rue, il ne faut pas pour cela concevoir le moindre soupçon... Ne soyez pas jaloux... C'est stupide et cela ne sert à rien !... Quand j'aurai un moment de libre, je vous le ferai savoir...

— Comment ?

— Je vous écrirai deux mots au crayon... et je vous enverrai cela par le petit Alexis.

— Qu'est-ce que c'est que le petit Alexis ?

— Quoi, vous ne le connaissez pas ?... C'est le petit commissionnaire du coin... près de la place... Comment, vous ne l'avez pas déjà employé pour porter des billets doux ?

— Ma foi non... D'ailleurs, depuis assez longtemps je n'avais pas de billets doux à faire porter...

— C'est un petit garçon fort gentil, fort poli ; il n'a pas l'air canaille... ni tapageur, ni ivrogne... Aussi ces demoiselles du magasin l'emploient toutes, je veux dire celles qui ont des commissions à faire faire. Il s'en acquitte très-bien, et il est toujours content de ce qu'on lui donne... tandis qu'il y a des commissionnaires qui vous prennent plus cher qu'une voiture.

— Alors, c'est entendu, je prendrai le petit Alexis.

— Et vous serez bien confiant, bien constant, et bien obéissant !

Adhémar a promis tout ce qu'on a voulu, et on l'a quitté en lui faisant une mine toute gracieuse. Vous comprenez, après cela, si le jeune homme a l'air fier et heureux en entrant dans son café, où il trouve presque toujours des connaissances. Et cette fois, c'est le premier clerc du notaire voisin, *Adoré Moulard*, qui vient lui tendre la main.

Moulard est le jeune homme à figure réjouie, aux joues en pommes d'api, que les demoiselles lingères voient souvent rôder et s'arrêter devant le vitrage de leur magasin, et qu'elles trouvent soufflé. C'est un garçon de trente ans, ni beau, ni laid, mais dont la physionomie plaît, parce qu'elle est presque toujours aimable, et que ses petits yeux sont pleins de feu et annoncent de l'esprit. Remarquez bien les yeux, ils trompent rarement sur cette qualité. L'homme bête aura beau faire, il portera toujours avec lui son cachet.

Moulard, avec sa bonne humeur habituelle, était, de plus, obligeant, serviable, toujours disposé à être utile à ses amis, et quoiqu'il aimât à rire, à bambocher même, il n'allait jamais trop loin dans ses folies et ne se permettait pas de ces farces qui blessent les mœurs et la délicatesse.

Il va presser la main d'Adhémar, en lui disant :

— Nous venons déjeuner tard ce matin !... Est-ce que la besogne va fort ?

— Ce n'est pas ce motif... Mais j'ai eu affaire... Ce qui ne m'empêche pas d'avoir une faim de cannibale... Garçon, mon bifteack... et beaucoup de pommes de terre... Déjeunez-vous avec moi, Moulard?...

— Non, c'est fini... Mais cela ne m'empêchera pas de vous tenir compagnie... Et puis, au fait.. bah!... pourquoi ne déjeunerais-je pas une seconde fois... J'ai un estomac très-complaisant... Garçon, deux bifteacks et une masse de pommes de terre.

Ces messieurs se mettent à une table. Moulard demande du madère pour faire couler son premier déjeuner et de l'absinthe pour faire honneur au second. Adhémar demande des radis, du beurre, des anchoix, pour se donner la patience d'attendre son bifteack.

— Fichtre! quel appétit ce matin, dit le clerc de notaire. Et avec cela...cet air heureux! triomphant!... Je parierais... un cornichon contre un louis, que nous avons une conquête de plus à mettre sur notre agenda!

— Vous gagneriez, Moulard, vous gagneriez!... Oh! oui, je suis le plus heureux des mortels... Mais comment avez-vous deviné cela?

— Belle malice... Quand on est le plus heureux des mortels, mon cher, on n'a pas sa figure de tous les jours... Car on n'est pas tous les jours le mortel le plus heureux... bien que le bonheur soit relatif et que ce qui comble les vœux de l'un ne serait peut-être pas agréable à un autre. Posséder la femme pour laquelle il soupirait, c'est généralement ce qui rend un homme vraiment heureux... Il y a beaucoup d'autres jouissances dans le monde, mais je doute qu'elles soient comparables à celle-là.

— Vous avez raison, Moulard... Vous avez bien raison... Ah! voilà les bifteaks, enfin... Ah! qu'ils sont petits!...

— Ah! ah! vous tournez à l'ogre, décidément!

— Garçon! vous nous donnerez des rognons sautés, une omelette aux truffes.

— Bravo!... votre appétit réveille le mien... Garçon, faites l'omelette et le rognon pour deux!

— Et du vin, du bordeaux... meilleur que celui-ci

— Voulez-vous du léoville?

— Oui! oui... et du champagne!... Aujourd'hui je ne veux rien me refuser!...

— Vous avez raison, puisqu'on ne vous a rien refusé à vous!... c'est de l'homœpathie!... Et c'est donc tout nouveau?

— C'est ce matin, à sept heures, que pour la première fois elle est venue me rendre visite...

— Ah! je ne m'étonne plus que vous ayez si bon

appétit ! Rien ne creuse comme un amour satisfait...
Je ne vous demande pas si elle est jolie... D'abord
elle vous plaît, c'est le principal.

— Ah ! mon cher, elle est charmante, trop jolie
même; car hier au soir je l'avais menée au bois,
nous nous sommes arrêtés quelque temps au café, et
tous les hommes la lorgnaient.

— Cela vous fera honneur.

— J'aimerais mieux qu'elle fût moins remarquée...
Je suis un peu jaloux...

— Sottise, mon cher. Vous prenez donc l'amour
au sérieux ?

— Mais comment le prenez-vous ?

— Comme un plaisir, une distraction.

— Alors si votre maîtresse vous trompait ?

— Je lui dirais : « Bien des choses chez vous ! » et
j'en prendrais une autre.

— Ah ! que je suis loin d'avoir votre philosophie...
moi ! Si Ariane me trahissait, je crois que j'en
mourrais de désespoir...

— Ariane !... Tiens, est-ce que c'est la première
demoiselle de la lingère voisine ?...

— Ah ! mon Dieu ! je vous ai dit son nom !... Cela
m'est échappé !... Moi qui lui ai promis d'être si
discret.... Moulard, vous ne me trahirez pas... vous
me garderez le secret...

— Oh ! soyez tranquille... Ce n'est pas moi qui jaserai... Comment, c'est la blonde Ariane qui... Ah ! ah ! ah !... Elle est bien bonne celle-là...

— Qu'est-ce qui vous fait rire ?

— C'est que, moi aussi, en ce moment, je fais de l'œil à une demoiselle du même magasin.

— Vraiment. Mais ce n'est pas à Ariane ?...

— Non. Oh ! rassurez-vous, je ne suis pas votre rival... Je n'en veux qu'à une petite fille, assez drôlette, qui a nom Rosine, et que ces demoiselles appellent la Vaccinée, justement parce qu'elle est un peu grêlée ; mais moi, je trouve que cela donne du piquant à sa physionomie.

— Et mademoiselle Rosine répond à votre amour ?

— Je ne suis pas encore aussi avancé que vous. Rosine... ou Rosinette, comme dirait *Bartholo* du *Barbier de Séville*, n'a encore répondu qu'aux brioches et petits fours que je lui ai envoyés tout chauds. Mais elle cédera lorsque je risquerai les nougats et les meringues... Oh ! je ne suis pas pressé... je ne suis pas amoureux comme vous !...

— Moi, mon ami, il y a déjà longtemps que je faisais la cour à Ariane... Il m'a fallu du temps, de la persévérance pour triompher de sa vertu ; car elle était fort sage ! elle m'a assuré que j'étais le premier qui lui faisait connaître l'amour...

— Elles disent toutes cela !...

— Mais toutes n'ont pas la réputation d'Ariane... qui n'écoutait personne... Pourquoi riez-vous ?

— Buvons, goûtons le champagne.

— Volontiers ! Mais pourquoi avez-vous ri, quand j'ai dit que Ariane n'écoutait personne ?...

— Mon Dieu, mon cher Adhémar, c'est que, moi, j'ai peu de confiance dans la vertu des demoiselles de magasin... Certainement il peut y avoir des exceptions, mais votre Ariane... qui fait tant sa sucrée... je l'ai rencontrée plusieurs fois avec un monsieur fort élégant... et entre deux âges...

— C'est son oncle...

— Ah ! c'est son oncle... Je le veux bien... mais il paraissait très aux petits soins, pour un oncle... Enfin, si c'est là le *Minotaure* qui doit vous dévorer, Ariane, imitant sa patronne, la fille de *Minos*, vous donnera, comme à *Thésée*, un fil pour échapper au danger ; et, bien qu'elle soit devenue la maîtresse de *Bacchus*, je doute que dans l'île de Naxos, l'Ariane de la mythologie ait bu d'aussi bon vin de Champagne que celui-ci !...

Ces messieurs continuent de faire honneur au déjeuner, Adhémar parce qu'il a un appétit formidable, et Moulard parce qu'il veut tenir tête à son ami : on fête le bordeaux, le champagne ; on paraît disposé à fêter tout ce qui se présentera, lorqu'un monsieur, qui vient d'entrer dans le café, s'approche de la table des deux jeunes gens et frappe sur l'épaule de Moulard, en lui disant :

— Bravo, monsieur le premier clerc, je vois que vous allez bien !

Ce nouveau personnage est un homme d'une quarantaine d'années, de belle taille et qui a dû être fort joli garçon ; mais, bien qu'il ne soit pas vieux, ses traits sont déjà flétris, ses cheveux rares, ses yeux ternes, bistrés, enfin tous ses traits annoncent un homme qui a mené la vie à grandes guides et abusé de toutes les jouissances. Dans sa tournure règne même quelque chose de déhanché, qui laisse voir l'homme qui en est arrivé à se mettre trop à son aise, et a pris l'habitude d'un sans façon qui a fait du tort à son élégance primitive ; il pose son chapeau sur le côté, se dandine en marchant, enfin il toise tout le monde d'un air qui frise l'impertinence, et son langage est toujours d'accord avec sa physionomie.

— Tiens ! monsieur Mondorcet ! dit Moulard en se retournant.

— Je vous trouve en bonnes dispositions !

— C'est plus que des dispositions ! C'est une occupation ! Est-ce que vous venez de l'étude, monsieur ?

— Oui, mais votre notaire n'y est pas. Alors je voulais vous parler... car vous êtes au courant de mes affaires tout aussi bien que votre patron... On m'a dit que je vous trouverais à ce café où vous déjeunez et je vois que l'on m'a bien renseigné.

— Oui, mais ce matin j'y fais une station plus longue qu'à l'ordinaire, parce que j'y ai rencontré un ami... M. Adhémar Derneuil, que voici... Il n'avait pas déjeuné, moi j'avais fini, mais j'ai recommencé pour lui tenir compagnie...

— C'est le trait d'un véritable ami et d'un bon estomac. J'aurais fait cela, jadis : aujourd'hui, je ne sais plus manger...

— Voulez-vous accepter un verre de champagne avec nous ?

— Oh ! pour du champagne, cela ne se refuse jamais, car si l'on ne peut pas toujours manger, du moins on peut toujours boire.

On apporte un verre que Moulard remplit et que M. Mondorcet ingurgite avec une facilité admirable.

— Je ne saurai jamais boire comme cela, dit Adhémar.

— Rien de si facile, je vous assure, il ne faut qu'un peu d'habitude !...

— Moi, j'ai essayé, dit Moulard, j'y suis parvenu;

mais je n'y trouve pas de plaisir, j'aime à savourer ce que je bois... Garçon, une autre bouteille de champagne !

— Mon cher monsieur Moulard, j'apportais à votre notaire la pièce qui manquait et qu'il m'a demandée, afin de pouvoir vendre cette petite maison de la rue Guérin-Boisseau...

— Ah! oui, cette maison qui appartenait à votre femme...

— Ma femme ou moi, c'est la même chose!...

— Pas tout à fait, mais du moment qu'elle vous a donné pouvoir !

— Oh! plein pouvoir ! du reste elle ne connaît même pas cette maison, qui lui vient d'un héritage ; elle n'y tient pas du tout !... Ma femme n'est jamais venue à Paris... elle habite Bordeaux, sa ville natale... Moi, c'est différent, je suis un veritable Parisien !

— Cela se voit ! et vous n'avez pas eu envie d'amener votre femme à Paris, avec vous...

— Ah! ah !... pour qui me prenez-vous ?... Voyager avec sa femme, ce serait amusant !...

— Il y a longtemps que vous êtes marié ?

— Pas trop... six ans à peu près ! Mais cela m'a semblé bien long !

— Cependant, votre femme doit être jeune... car vous n'êtes pas vieux, vous?...

— Voilà justement où est la faute ! c'est que ma femme est plus âgée que moi... et j'ai quarante et un an !

— Oui, en effet... à cet âge, un homme est jeune encore, tandis que la femme commence à être mûre !...

— La mienne est blette !... vous lui donneriez soixante ans.

— Je gage que vous avez épousé une veuve ?

— Pardieu !... cela se devine...

— Et qui était riche ?

— Hum ! comme cela !... pas autant que je croyais. Elle m'a mis dedans...

— Vous m'étonnez, je ne vous croyais pas homme à vous laisser attraper...

— Mon cher, quand vous aurez mon expérience, vous saurez qu'avec les femmes on l'est toujours...

— Quelquefois, cela se balance... Encore un verre de champagne.

— Tant que vous voudrez !... J'en boirais toute la journée, cela ne me fait rien. Tenez, voulez-vous prendre ces paperasses, que votre notaire m'a demandées; d'ailleurs, à vous ou à lui, je crois que c'est la même chose; vous êtes son bras droit, il paraît avoir une grande confiance en vous.

— Je m'entends pas mal aux affaires.

— Alors vous allez vous occuper de vendre cette maison, n'est-ce pas ?

— Soyez tranquille... Elle n'est pas dans une belle rue, mais c'est un quartier populeux, commerçant. Oh ! cela trouvera un acquéreur.

— Et le plus cher possible, naturellement !

— Cela va sans dire. Nous avons arrêté une mise à prix de soixante mille francs ?

— C'est bien peu, il me semble ?

— Mais la maison n'a que trois étages, deux fenêtres de face sur la rue, et elle a grand besoin de réparations, elle menace ruine !

— Oh ! des réparations ! je n'en fais jamais !

— C'est une bicoque !...

— Enfin ! faites pour le mieux ; mais de l'argent comptant, je ne vends pas autrement.

— C'est entendu.

— Dites-moi, mon cher monsieur Moulard, je vous avouerai que je suis à sec dans ce moment... Je ne crains pas de le dire devant votre ami, parce que ce sont de ces choses qui arrivent à tout le monde !... N'est-ce pas, monsieur ?

Adhémar s'incline en répondant :

— Oui, monsieur... c'est une position très-connue, beaucoup de jeunes gens ont passé par-là!...

— Moi, je crois que je serai toujours jeune. Encore un peu de champagne, s'il vous plaît!... Alors, mon cher Moulard, votre notaire me fera bien une avance sur la vente de cette maison, n'est-ce pas?

— Oh! sans doute... Vous avez donc déjà avalé cette jolie petite métairie des environs de Rouen... qui venait aussi de votre femme.

— La métairie! il y a longtemps que le baccarat m'en a dépouillé... Bah! cinquante-cinq mille francs... belle bagatelle!...

— Il y a des gens qui seraient très-heureux avec cette bagatelle-là!

— Ah! je ne sais pas ce que j'ai fait à dame Fortune, mais elle me traite bien mal, depuis quelque temps!... une déveine qui ne cesse pas!... Enfin, cette nuit, j'ai perdu douze mille francs qui me restaient, et avec lesquels j'espérais me refaire... J'étais chez Bulle-de-Gaz, vous devez connaître cela, Bulle-de-Gaz?... une délicieuse cocotte... habituée de Mabille. qui lève la jambe plus haut que son nez...

— Oui, oui, j'en ai entendu parler...

— Elle donnait une soirée... une nuit, plutôt!

C'était charmant!... des femmes délicieuses!... et il y en avait... à revendre!...

— Je crois en effet que c'est le mot!

— Du punch, un souper, un orchestre excellent; on a dansé, bu, mangé...

— Et joué?

— Oh! joué!... un jeu d'enfer... lansquenet, baccarat, chemin de fer... Ces dames avaient même organisé un petit *biribi*...

— C'est un nouveau jeu, celui-là?

— Non... c'est fort ancien, au contraire. Cela se joue avec trois dés et un cornet... C'est du Louis XV, du Pompadour, que l'on veut remettre à la mode. Enfin, ancien et nouveau, j'ai été plumé à tous les jeux, c'est pourquoi j'ai un besoin urgent de me refaire des plumes. Votre notaire pourra bien me donner aujourd'hui une dizaine de mille francs?

— Je le crois.

— A quelle heure le trouverai-je?

— Venez entre deux et quatre.

— Fort bien! Oh! je n'y manquerai pas, car je veux, tantôt, mener dîner au Châlet du bois une des divinités de cette nuit, avec laquelle j'ai entamé cette affaire, et je vous quitte : il faut que j'aille prendre son heure pour ce soir. Au revoir, mon cher monsieur Moulard... A deux heures, je serai chez votre patron... Monsieur, je suis bien le vôtre!

M. Mondorcet s'est levé, a salué de la tête, et sort lestement. Adhémar regarde dans la seconde bouteille de champagne en disant :

— Je ne suis pas fâché qu'il soit parti, car il n'en aurait pas laissé un verre!... et cela me fait de la peine de voir avaler du champagne comme si c'était une médecine, sans le goûter!...

— Eh bien, mon cher Adhémar, que pensez-vous de M. Mondorcet?

— Ma foi, je vous dirai franchement qu'il n'a pas mes sympathies... Son langage, ses manières... il règne dans tout cela quelque chose qui ne m'inspire pas de confiance... J'ai peut-être tort...

— Non pas! vous êtes dans le vrai!... Ce personnage, qui n'est notre client que depuis quelques mois, est, j'en suis certain, un fort mauvais sujet!... D'abord, c'est un joueur, pour cela il ne s'en cache pas : il est en train de se ruiner et, j'en ai bien peur, de ruiner sa femme, qu'il n'aura épousée que pour son argent. Il a dit à mon patron qu'il avait été négociant à Bordeaux. Je crois qu'il n'a jamais rien fait que s'amuser; cette maison, dont il presse la vente, est la troisième propriété dont il se défait depuis un an. Vous voyez qu'il va vite... Il ne lui reste plus rien des deux autres. Outre le jeu, il lui faut les courtisanes les plus en vogue... Il boirait, dit-il, du champagne toute la journée... Mais aussi quelle figure !... il est déjà éreinté !... Il dit que sa femme est trop vieille pour lui, je gage qu'il ne vaut pas mieux qu'elle...

— Et vous allez encore lui avancer de l'argent ?

— On ne peut pas lui refuser, c'est sur un immeuble. Oh! ma foi, après tout, que le Mondorcet se ruine, cela ne nous regarde pas. Ah! il veut mener une cocotte au chalet... cela me fait souvenir que j'ai promis à Rosine Rosinette des billets pour le théâtre des Folies-Dramatiques... J'ai une occasion pour les avoir aujourd'hui, il s'agit de savoir si ma Dulcinée sera libre ce soir...

— Comment ferez-vous pour vous en assurer ?

— C'est bien facile, je vais lui envoyer mon page habituel..., qui d'ailleurs est aussi celui de ces demoiselles.

— Quel est ce page ?

— Alexis... le petit bonhomme du coin... Est-ce que vous ne l'avez pas encore employé ?

— Ma foi ! non.

— Je vous le recommande ; c'est un petit garçon qui a, je crois, dix-neuf ans au plus... mais il est très-intelligent, très-doux; il s'acquitte fort bien des commissions dont on le charge...

— Ariane, en effet, me l'a déjà recommandé.

— Quand je vous dis que c'est le page de ces demoiselles ! Au reste je vais vous le faire connaître; s'il est à sa place, je vais lui faire signe de venir me parler.

Moulard se lève, va regarder à la porte du café, fait un signe, puis vient se remettre à sa table, en disant à Adhémar :

— Il m'a compris... il va venir.

V

LE PETIT BONHOMME DU COIN.

Bientôt on ouvre la porte du café, le petit commissionnaire paraît, regarde, aperçoit celui qui lui a fait signe, et se dirige aussitôt vers lui.

Le petit Alexis semble, en effet, avoir moins que vingt ans ; il est d'une taille peu élevée, mais bien fait, dégagé dans sa tournure ; il n'a pas cette allure lourde ou efflanquée de la plupart de ses pareils. Sa figure est douce ; son regard, qu'il tient souvent baissé, est presque timide ; son teint est pâle, ses traits réguliers, ses cheveux bruns et abondants ; quant à ses yeux, ils ont l'air d'être noirs, mais il est difficile d'en voir la nuance, car le petit bonhomme a toujours sur sa tête une casquette dont la visière, qui est très-longue, est enfoncée sur son front, de façon à ce qu'on aperçoit à peine le haut de son visage.

Un pantalon et une veste en velours de coton olive, des guêtres, une cravate de couleur, un gilet de satin, taillé droit et boutonné avec soin du bas en haut, tel est le costume d'Alexis.

En s'apercevant que sa pratique est avec quelqu'un, le jeune commissionnaire s'est arrêté à quelques pas de la table ; mais Moulard lui fait signe d'approcher, en lui disant :

— Avance donc, petit !... Ah ! c'est que tu ne connais pas encore monsieur, et tu ne sais pas si je veux parler devant lui... Oh ! c'est un ami, pour qui je n'ai rien de caché... A la rigueur, je lui confierais ma maîtresse... dût-il même en abuser !... et pourtant il n'agirait pas de même, lui... n'est-ce pas, Adhémar ?

— Oh ! non, assurément, je ne confierais ma maîtresse à personne : je suis très-jaloux, moi.

Le petit Alexis regarde Adhémar, qui vient de s'exprimer avec chaleur ; il semble tout surpris d'entendre ce langage, si différent de celui de la plupart de ses pratiques, qui traitent en plaisantant leurs intrigues d'amour et paraissent persuadés qu'il n'y a point de femmes fidèles.

— Au reste, reprend Moulard, tu feras incessamment connaissance avec monsieur... Il t'emploiera, il aura bientôt besoin de tes services, et il ne t'enverra pas loin, car sa maîtresse est aussi...

— Chut! chut! Eh bien! Moulard, est-ce comme cela que vous êtes discret!...

— Est-ce qu'on a des secrets pour son valet de chambre? Eh bien! un commissionnaire, c'est comme un valet de chambre. D'ailleurs, je réponds de la discrétion de ce garçon-là! N'est-ce pas, Alexis, que tu ne dis jamais, à l'un et à l'autre, où l'on t'envoie, ce que tu vois, ce que tu entends... et de plus, ce que tu devines?

Une voix grêle et un peu haute, qui semble plutôt sortir de la tête que de la poitrine, répond :

— Oh! non, monsieur. Je m'acquitte des commissions que l'on me donne à faire... mais ensuite je les oublie : je sais que, dans mon état, le premier devoir est la discrétion, et je tiens à l'estime de ceux qui m'emploient.

— C'est très-bien, cela! dit Adhémar, en attachant ses regards sur le petit commissionnaire qui baisse aussitôt les yeux. Voilà des sentiments qui vous font honneur. Quel âge avez-vous, mon garçon?

— Vingt ans et demi, monsieur.

— On vous en donnerait à peine seize !.. Vous êtes de Paris ?

— Je suis des environs, monsieur.

— Vous paraissez être d'une constitution assez frêle... vous n'êtes pas taillé en force... La nature ne vous avez pas créé pour être commissionnaire... Vous ne devez pas pouvoir porter de lourds fardeaux ?...

— Oh ! monsieur, je suis plus fort que je n'en ai l'air... mais je ne me charge pas d'un travail que je ne serais pas en état de faire.

— Il porte des billets doux, comme celui-ci, dit Moulard, en écrivant au crayon sur une feuille de son agenda. C'est moins fatigant que de porter des crochets avec des malles, ou du bois... et cela rapporte tout autant ! n'est-ce pas, Alexis ?

— Mais je ne me plains pas, monsieur.

— D'abord, c'est une justice à te rendre, tu ne te plains jamais, tu sembles toujours satisfait de ce qu'on te donne !... Figurez-vous, Adhémar, qu'un jour notre petit clerc lui a donné trois sous pour avoir porté un paquet à Chaillot ?... Eh bien ! il a pris cela d'un air content, sans réclamer.

— Si ce monsieur votre clerc ne m'a donné que cela, c'est que sans doute il ne pouvait pas me donner davantage... à quoi m'aurait servi de me plaindre ?

— Ce que tu dis-là est très-beau, mais avec ce désintéressement tu n'arriveras pas à la fortune. Venons à mon affaire : prends ce petit papier, il s'agit de le faire tenir à mademoiselle Rosine... du magasin là-bas... tu sais, Rosinette? celle que ses compagnes appellent « la mal vaccinée! » Comment le lui feras-tu tenir? elle ne veut pas qu'on lui apporte des lettres dans son magasin.

— Oh! soyez tranquille, monsieur ; je saurai bien m'y prendre : je rôderai devant la boutique, mademoiselle Rosine me connaît bien, elle devinera pourquoi je suis là ; alors elle sort par le fond du magasin, comme si elle allait dans la maison, et vient sous la porte cochère qui est à côté... il y a une sortie par là, et je vais l'y trouver...

— Très-bien... Oh! avec les femmes, il y a toujours moyen de s'entendre. Va donc, tu lui remettras ce billet et viendras ici me rapporter sa réponse... qui sera verbale... ce qui signifie « de vive voix. » Va et dépêche-toi.

— Oui, monsieur, j'y vais tout de suite.

Le petit bonhomme est parti.

— Eh bien! n'est-il pas vrai que notre page est gentil? dit Moulard en achevant son champagne.

— Oui, il est même trop mignon pour un commissionnaire... Je gagerais que ce sont des malheurs qui ont obligé cet enfant — car il a encore l'air d'un enfant, — à prendre cet état.

— Ma foi! je ne l'ai jamais questionné à ce sujet. J'ai remarqué qu'il n'était pas bavard ; sa commission faite, il ne cause pas.

— C'est une qualité... On ne peut guère voir son visage, la visière de sa casquette en cache la moitié; mais il a une drôle de voix... qui ressemble à celle que l'on se fait quand on porte un domino dans un bal masqué.

— C'est une voix de tête... ce garçon est tout jeune, sa voix n'est pas encore formée. Je vous certifie que les jeunes filles le trouvent fort gentil tel qu'il est; et si Alexis était moins timide...

— Oh! mon cher Moulard, vous croyez que tous les hommes sont, comme vous, mauvais sujets en sortant de l'école!

— Il y en a même qui le sont avant.

— Midi passé... diable! il faut que j'aille à ma besogne.

— Attendez encore quelques minutes ; pour une fois, on peut bien être en retard. Je tiens à ce que vous assistiez au retour de mon messager.

— Ma foi aujourd'hui, c'est fête!... je suis curieux, en effet, de voir si votre petit page aura aussi bien réussi qu'il l'espérait.

Au bout de quelques minutes Alexis est de retour. Il vient à Moulard, en portant sa main à sa casquette, que cependant il ôte fort rarement de dessus sa tête.

— Eh bien! mon garçon, as-tu vu Rosinette?

— Oui, monsieur, elle m'a aperçu et s'est rendue sous la porte cochère voisine, comme c'est l'habitude de ces demoiselles...

— De ces demoiselles... vous entendez, Adhémar? il a la pratique de tout le magasin!

— J'ai remis votre billet à mademoiselle Rosine...

— Fort bien ; et sa réponse ?

— Elle accepte votre billet de spectacle pour ce soir... à condition qu'elle ira avec sa tante...

— Allons, bon! voilà la tante, à présent!

— Elle vous prie de lui envoyer le billet tantôt, avant six heures... je le porterai, et je dirai que c'est sa tante qui le lui envoie. Ensuite elle espère que vous irez au spectacle la retrouver...

— Parbleu! c'est bien le moins, puisque je donne le billet.

— Voilà tout, monsieur, je m'en vais...

— Attends... attends donc! d'abord, je ne t'ai pas payé...

— Oh! cela ne fait rien.

— Ensuite j'ai une autre commission à te donner,

il faut que je t'envoie au théâtre des Folies chercher le billet que j'ai promis... pour cela, il faut que j'écrive quelques mots. Garçon, donnez-moi du papier, de l'encre et une plume...

Pendant que Moulard écrit sa lettre, Adhémar s'adresse au jeune commissionnaire :

— Vous connaissez donc toutes les demoiselles employées chez la lingère ici près?

— Mais... oui, monsieur...

— Alors, vous connaissez la première... celle qui se nomme Ariane Frotini?

— Oui, monsieur... une jolie blonde!

— Oh! une très-jolie blonde! c'est bien cela. Est-ce que... est-ce que vous lui avez porté quelquefois des billets doux?

Le jeune Alexis hésite, puis balbutie enfin :

— Monsieur....je ne sais pas... je ne me souviens jamais des commissions que j'ai faites...

— Ah! c'est juste... on m'a dit que vous étiez discret... alors j'ai eu tort de vous questionner... oui, je sens bien que j'ai eu tort... Mais, cependant... comme j'ai fait connaissance avec cette demoiselle, il est assez naturel que je cherche à me renseigner sur... sur ses goûts... ses habitudes... Il y avait un gros monsieur... qui venait souvent lui parler, m'a-t-on dit... Est-ce qu'elle allait aussi l'attendre sous la porte cochère de sa maison ?

— Je ne sais pas, monsieur.

— Du reste, ce monsieur était son oncle, à ce qu'elle m'a dit. Elle a dû quelquefois vous charger de messages pour son oncle ?

— Je ne m'en souviens pas, monsieur.

— Décidément, Alexis, vous êtes un parfait commissionnaire !...

Moulard, qui a terminé sa lettre, la ferme puis la donne à Alexis en lui disant :

— Tu vas porter ceci à cette adresse... Tu sais lire, je crois ?...

— Oh! oui, monsieur, parfaitement.

— On te donnera un billet de spectacle que tu iras sur-le-champ remettre à mademoiselle Rosine, et tu diras ce dont vous êtes convenu.

— Oui, monsieur, j'y vais.

— Attends donc que je te paye... je n'ai pas besoin de te revoir.

Tout en cherchant de la monnaie dans sa poche, le clerc de notaire s'écrie :

— Il faut que je me hâte de retourner à l'étude... car M. Mondorcet serait capable d'y arriver avant moi.

Moulard présente au jeune commissionnaire le

prix de ses courses, qu'il veut lui mettre dans la main ; mais, en entendant prononcer le nom de Mondorcet, Alexis a frémi, il est devenu pâle, tremblant et sa main laisse tomber à terre la monnaie qu'on vient de lui donner.

— Eh bien ! qu'est-ce que tu fais donc, mon petit ? dit Moulard ; tu perds ton argent, tu le sèmes...

— Mais regardez donc comme il est pâle, dit Adhémar ; on dirait qu'il va se trouver mal, ce pauvre garçon !

En effet, le petit commissionnaire avait été obligé de s'appuyer après la table pour ne pas tomber. Mais il se remet bientôt et balbutie :

— Ah ! pardon, messieurs, oui... j'ai eu comme un étourdissement... Je ne sais ce qui m'a pris... pardonnez-moi...

— Eh ! mon garçon, ce n'est pas ta faute... Veux-tu un verre de vin ?... tiens, il y a encore du bordeaux dans la bouteille...

— Merci, monsieur, mais si vous permettez... j'aime bien mieux l'eau...

— Tu aimes mieux l'eau que le vin ?... Tu as tort !... il faut boire du vin pour être tout à fait un homme.

Cependant Alexis avale d'un trait un verre d'eau

qu'Adhémar vient de lui verser. Puis il dit à Moulard :

— Monsieur a dit, je crois... que j'allais voir monsieur... Mondorcet... C'est bien le nom que monsieur a prononcé ?

— Oui; mais ce n'est pas chez ce monsieur que je t'envoie, puisque c'est au théâtre des Folies...

— Est-ce que ce M. Mondorcet demeure par ici?

— Lui!... non, il nous a donné son adresse au Grand-Hôtel ! rien que ça !... Mais qu'est-ce que cela te fait... est-ce que tu le connais, ce farceur-là?... Est-ce que tu as aussi été son page ?... Ça ne m'étonnerait pas ! il doit diablement faire courir...

— Non, monsieur, non... je ne le connais pas... Je vais tout de suite faire votre commission, monsieur.

Le petit bonhomme sort vivement du café. Les deux amis quittent leur table pour se rendre chacun à sa besogne. Moulard en se disant :

« C'est drôle... mais c'est le nom de ce blagueur de Mondorcet qui a tout bouleversé mon commissionnaire... c'est fort drôle !... »

VI

UNE COMMISSION.

Quelques jours plus tard, le petit commissionnaire du coin se promenait devant le magasin dans lequel Adhémar était employé.

Alexis est là depuis quelque temps, car il voudrait être aperçu par celui auquel il a un billet à remettre. S'il était devant un magasin occupé par des femmes, il y a longtemps qu'il aurait été remarqué et que l'on aurait trouvé moyen de savoir ce qu'il voulait ; mais les hommes sont moins perspicaces et moins curieux. Cependant, Adhémar aperçoit enfin le jeune commissionnaire ; alors il ne tarde pas à aller le rejoindre dans la rue. Alexis lui présente un petit papier bien tortillé, en lui disant :

— C'est de la part de mademoiselle Frotini.

— Un billet d'Ariane... Ah! donne... donne vite!

Et, courant se placer sous la première porte qu'il aperçoit, Adhémar se hâte d'ouvrir et de lire le billet, qui ne renfermait que ces mots :

« Je suis libre ce soir; si vous voulez me mener au spectacle, faites-le-moi savoir par un mot de réponse; je pourrai même dîner avec vous, car je serai libre à six heures. J'ai dit que j'avais une amie qui partait pour l'Amérique et voulait me faire ses adieux. Êtes-vous toujours bien sage ?... Votre fidèle A... »

Cette demoiselle ne mettait que l'initiale de son petit nom. Était-ce de peur de se compromettre ou par paresse? On n'a jamais pu savoir.

Adhémar est enchanté, mais il veut répondre, il veut écrire à sa maîtresse un billet bien tendre, bien brûlant; pour cela, il faut qu'il remonte chez lui, d'autant plus qu'il a acheté la veille pour la jolie blonde une charmante agrafe qu'il va lui envoyer. Mais, avant de monter chez lui, il a quelque chose à terminer à son magasin. Il sort de sa poche la clef de sa chambre et la donne au petit commissionnaire, en lui disant :

— Tu vas monter à ma chambre; dans cinq minutes, j'irai te retrouver; tu as bien le temps de m'attendre, n'est-ce pas?

— Oh! oui, monsieur, tant que vous voudrez... Mais où est-elle, votre chambre?

— Tu vois cette maison là-bas... une porte bâtarde...

— Oui, monsieur.

— Tu prends l'escalier à gauche, tu montes au quatrième, et la porte à droite, c'est là...

— Si le concierge me dit quelque chose?

— D'abord les concierges ne voient jamais qui entre ou qui sort dans la maison, ça leur est bien égal.. Ensuite, tu as ma clef, et tu dirais que je t'envoie.

— Ça suffit, monsieur.

— Moi, je vais me hâter de finir un compte que j'ai laissé à moitié.

Adhémar retourne à son magasin. Le petit commissionnaire entre dans la maison qu'on lui a indiquée, monte les quatre étages sans rencontrer aucune espèce de concierge, et ouvre la porte du logement du jeune commis.

Pourquoi donc Alexis se sent-il ému, troublé en arrivant chez Adhémar? Pourquoi s'arrête-t-il un moment sur le seuil de la porte, comme s'il hésitait pour entrer?... Est-ce étonnement de la confiance qu'on lui témoigne... est-ce par suite de sa timidité naturelle?... Enfin, il surmonte cette espèce de crainte qui s'était emparée de lui, traverse un petit couloir et se trouve bientôt dans la chambre habitée par l'amoureux d'Ariane. Tout le monde sait ce que c'est qu'une chambre de garçon, d'employé de commerce; cependant celui-ci était dans ses meubles; depuis qu'il gagnait d'assez bons appointements, il s'était empressé de quitter un garni. Ce n'était point un mobilier de *Boule* qui ornait cette chambre, mais les meubles étaient convenables : un secrétaire, une commode, une petite table, des chaises, composaient, avec le lit en acajou, toute la richesse de cette chambre, et sur la cheminée deux flambeaux seulement, et deux petites statuettes en plâtre, dont l'une représentait un Amour, et l'autre une Hébé; cette dernière, pour les traits, le contour du visage, les formes gracieuses, avait beaucoup de ressemblance avec mademoiselle Ariane Frotini.

Alexis s'est arrêté au milieu de la chambre; il regarde autour de lui, il examine tout, sans bouger de place; on croirait qu'il craint de marcher, d'agir dans ce logement où il vient cependant par ordre du propriétaire. Mais il aperçoit un pantalon sur une chaise, un gilet sur une autre, des bottines sur la commode et une carafe pleine d'eau sur le secrétaire... Le petit commissionnaire se décide à bouger enfin, il range sur le pied du lit le gilet et le pantalon, met les bottines à terre dans un coin et la carafe sur la cheminée; puis il s'assied à côté du secrétaire, qui est ouvert, et dans lequel on aperçoit des notes, des lettres décachetées et quelques-unes tout ouvertes.

Mais l'envie ne vient pas à Alexis de porter sur les papiers un œil indiscret; il se contente de regarder longtemps cette chambre dans laquelle il semble étonné de se trouver, puis, laissant retomber sa tête sur sa poitrine, demeure enseveli dans ses réflexions.

Vingt minutes s'écoulent; Adhémar revient, tout essoufflé, tout haletant; il a monté son escalier quatre à quatre et court à son secrétaire, en s'écriant :

— Enfin, me voilà libre!... le compte a été plus long à faire que je ne croyais... Tu t'impatientais, mon garçon, tu t'étais endormi peut-être·

— Oh! non monsieur, pas du tout...

— Il n'y aurait pas grand mal. Écrivons à cette chère amie... Ai-je du papier à lettre seulement?... Ah! mon Dieu! si je n'en avais pas...

— Voulez-vous que j'aille vous en acheter, monsieur?

— Non... tiens... le dos de cette lettre est tout blanc, il me suffira...

Et le jeune homme pensant tout haut, comme s'il était seul, écrit :

« Ma bien-aimée Ariane, je suis heureux de savoir que je passerai une soirée avec vous, vous, à qui je pense sans cesse... vous, mon idole... et que je voudrais tenir toujours dans mes bras... A six heures, j'irai vous attendre avec une voiture, je serai à l'entrée de la place... Nous irons dîner où vous voudrez, puis au spectacle... Les plus grands rois de la terre ne sont pas aussi heureux que moi. A vous pour la vie !... »

Adhémar va fermer sa lettre ; il se ravise et écrit par *post-scriptum :*

« Mon page vous remettra une babiole que j'ai achetée pour vous, et que je serai bien content de vous voir porter. »

Puis il ouvre un des tiroirs du fond de son secrétaire, y prend une petite boîte en carton, l'ouvre et en tire une délicieuse agrafe en rubis, qu'il admire un moment en disant :

— Décidément, elle est jolie... Comment trouves-tu cela, Alexis?

— Oh ! monsieur, c'est ravissant... Quel beau bijou !

— C'est une agrafe...

— Oh! je le vois bien, monsieur... Cela doit coûter fort cher?...

— Hum!... comme cela!... rien n'est trop cher pour la femme que l'on aime!...

— Quand elle nous aime aussi, elle ne doit pas tenir aux cadeaux...

— Tu crois?... Cela peut être vrai, mais en tous cas, c'est rare. Tu sauras cela plus tard, mon garçon. Tiens, prends cette boîte.... mets-la avec soin dans ta poche... ne va pas la perdre surtout!...

— Oh! il n'y a pas de danger, monsieur!.,.

— Tu la remettras à la charmante Ariane avec ma lettre tout de suite...

— Oui, monsieur.

— A six heures moins quelques minutes, tu iras chercher une voiture, un petit coupé, que tu feras attendre au coin de la place... de ce côté.

— Oui, monsieur... C'est tout?...

— Oui... Attends que je te paye, maintenant.

Adhémar sort de sa poche une pièce de deux francs qu'il met dans la main du petit commissionnaire; celui-ci regarde la pièce et a l'air embarrassé...

— Tu trouves que ce n'est pas assez pour le temps que tu as perdu?... Alors...

— Mais bien au contraire, monsieur; je trouve que vous me donnez trop... Deux francs pour venir de chez la lingère chez vous !... C'est si près... Un franc, ce serait déjà beaucoup...

— Décidément, Moulard a raison, tu es un commissionnaire rare... extraordinaire... Garde ce que je te donne! Quand je suis heureux, je voudrais que tout le monde le fût autour de moi. Va vite porter ce que je t'ai remis.

Alexis regarde le jeune commis, et ses yeux expriment presque de l'admiration. Puis soudain il quitte la chambre et se hâte de s'acquitter de sa commission, tandis qu'Adhémar se met à considérer sa petite statuette d'Hébé, en murmurant :

— C'est vraiment tous les traits d'Ariane... Ce petit plâtre m'a coûté quarante sous, mais je ne le donnerais pas pour cent francs !

Mademoiselle Ariane, qui attendait une réponse à son billet, trouve bien vite le moyen d'aller rejoindre Alexis sous la porte cochère. Celui-ci présente d'abord la lettre, que la jolie blonde ouvre sans y mettre cette ardeur que son amant a montrée en recevant la sienne.

— Très-bien, dit-elle; à six heures... C'est bon! Ah! mais, il y a encore quelque chose d'écrit en bas... « Mon page vous remettra une babiole que j'ai achetée pour vous... » Ah! donne donc vite!... C'est par là qu'il fallait commencer!... C'est bien plus intéressant que la lettre!... Voyons... voyons...

Le petit commissionnaire sort la boîte de sa poche et la présente à Ariane, qui se hâte de l'ouvrir, y prend l'agrafe, l'examine sur toutes ses faces, et secoue la tête en murmurant :

— C'est gentil, mais il y a mieux que cela... Il ne s'est pas ruiné!

Alexis, qui croyait que la vue du bijou causerait un vif plaisir à cette demoiselle, ne peut s'empêcher de dire :

— Ah! c'est pourtant bien joli, cette agrafe-là!

— Est-ce que tu t'y connais, toi? Oui, pour un garçon de ton état, je conçois que c'est merveilleux! Où donc monsieur Adhémar t'a-t-il remis cela?

— Chez lui, mademoiselle, où il m'avait envoyé l'attendre.

— Ah! tu as été chez lui... Ce n'est pas beau chez lui, ce n'est pas élégant?

— Mais si, mademoiselle; c'est bien meublé, et en acajou : lit, secrétaire, commode; c'est fort beau.

— Ah! ah! ah! Tu trouves cela beau, toi. Fi! c'est tout ce qu'il y a de plus mesquin... Il y a des jeunes gens qui sont si bien meublés : tout en soie, en velours, des glaces partout, des canapés pompadour, des portières au lieu de portes ! C'est cela qui peut s'appeler un logement élégant !

— Mademoiselle en a vu, de ceux-là

Ariane se contente de sourire et de faire un léger mouvement de tête ; puis elle quitte le jeune messager, en lui disant :

— C'est bien... A six heures, je serai sur la place. C'est sans doute toi qui iras chercher une voiture?... Songe à la prendre bien propre, et des chevaux qui n'aient pas l'air de rosses, tu entends ?

— Oui, mademoiselle.

La jolie blonde retourne à son magasin, et Alexis à sa place habituelle, en se disant :

— Quelle différence entre elle et lui !

VII

UN AGNEAU DANS LA BERGERIE.

Pendant plusieurs semaines, les mêmes relations continuent entre Adhémar et mademoiselle Ariane. Le jeune commis est toujours aussi amoureux, aussi épris de la jeune blonde qui ressemble si bien à son Hébé. Pour lui être agréable, il la mène au spectacle, et dans les loges d'avant-scène; pour lui prouver sa passion, il s'étudie à satisfaire ses désirs, ses caprices. Si cette demoiselle a parlé d'un bijou, d'une parure qui lui fait envie, bientôt Adhémar en fait emplette, et, le lendemain, le petit bonhomme du coin est chargé de remettre cela à la ravissante lingère.

On va vite avec une maîtresse qui aime la dépense

et qui est coquette. Déjà le galant amoureux a vu disparaître toutes les économies qu'il avait faites ; il commence même à anticiper, à emprunter sur ses appointements, afin de pouvoir toujours satisfaire les désirs de sa chère Ariane ; mais il le fait sans regret, sans crainte. On ne songe plus à l'avenir quand on est amoureux, le présent est tout ; et pour un doux sourire, pour un tendre regard de celle que l'on aime, les sacrifices ne coûtent rien : on se ruine en riant... on se trouve même heureux de pouvoir ainsi prouver son amour.

Alexis se montre toujours ponctuel pour exécuter les commissions que l'amoureux lui donne. Sur un signe fait contre les carreaux de son magasin, d'où Adhémar peut apercevoir la place où se tient habituellement le petit commissionnaire, celui-ci devine qu'il doit aller attendre le jeune homme devant la porte de sa chambre. Et, en effet, Adhémar s'échappe un moment de sa maison de commerce, grimpe lestement à son quatrième, et, là, écrit un billet, puis remet à son messager le nouveau cadeau qu'il fait à sa maîtresse, en lui disant :

— Tu sais à qui tu dois donner cela ?

— Oh ! oui, monsieur, répond Alexis, avec un sourire qui ressemble à un soupir ; c'est toujours pour mademoiselle Ariane.

— Naturellement! Est-ce que je pourrais en aimer une autre?

— Elle doit aussi bien aimer monsieur... qui lui fait si souvent des cadeaux...

— Oh! elle m'aimerait sans cela; elle me l'a dit cent fois!... Alexis, as-tu remarqué cette statuette... sur ma cheminée?... Pas l'Amour, l'autre?

— Oui, monsieur, je l'ai vue.

— Eh bien! tu n'as pas été frappé de la ressemblance?

— Avec qui donc, monsieur?

— Il me demande avec qui!... Mais, regarde donc... c'est Ariane; tout son profil, le contour de son visage, son joli bras...

Le petit commissionnaire regarde attentivement la statuette; puis murmure:

— Oui, en effet, il y a quelque chose... mais cette femme-là est plus jolie...

— Plus jolie qu'Ariane?... Ah! par exemple... Tu ne t'y connais pas, mon garçon. Allons, va faire ta commission.

Moulard occupe assez souvent le petit bonhomme du coin, car il continue de cultiver la connaissance de l'apprentie grêlée; mais lorsqu'il est obligé d'aller rendre compte de sa commission à l'étude du notaire, c'est toujours avec crainte, en hésitant, qu'Alexis pénètre dans les bureaux ; on dirait qu'il a peur d'y rencontrer une personne qu'il redoute. Et un jour, au moment d'y rentrer, ayant aperçu sous la porte M. Mondorcet qui se rendait chez le notaire, le petit bonhomme s'est sauvé et n'a plus reparu à sa place de toute la journée.

Il est neuf heures du soir. André Moulard est allé trouver son messager habituel. Il tient dans ses mains un objet assez volumineux enveloppé dans du papier, et le remet à Alexis, en lui disant :

— Tiens, tu vas aller porter cela à Rosine Rosinette. Depuis longtemps elle me persécute pour que je lui paye un nougat. Je n'en ai pas trouvé d'assez beau chez le pâtissier ; mais voilà un baba superbe, qui en tiendra lieu et le remplacera, j'espère, avec avantage... elle pourra régaler ses amies. Ne va pas le laisser tomber, surtout.

— Oh! il n'y a pas de danger, monsieur.

— Et ne va pas disparaître avec, comme tu as disparu l'autre jour, quand je t'attendais à l'étude.

— Ah! monsieur, je n'avais pas de gâteau à porter ce jour-là!...

— Non. Oh! ce n'est pas que je te croie capable d'y toucher ; mais tu as parfois des lubies!... Enfin, va porter cela à mon Andalouse... Je n'ai pas besoin de te revoir. Je suis sûr que mon gâteau sera bien reçu; et moi, je vais jouer au billard... A propos, tu es toujours le commissionnaire de mon ami Adhémar?

— Oh! oui, monsieur.

— C'est une fameuse pratique que je t'ai procurée là... car il t'emploie souvent, n'est-ce pas, pour sa céleste Ariane?

— Oui, monsieur, très-souvent.

— J'ai peur qu'il ne se ruine pour cette femme-là, qui est d'une coquetterie!... Et Adhémar est trop généreux, n'est-ce pas?... Ah! tu ne dis rien, c'est juste; tu es la discrétion même... C'est égal, si Adhémar n'envoyait à sa belle que des babas, des biscuits, j'ai dans l'idée que leur liaison ne durerait pas longtemps!... Je n'ai pas de confiance dans cette femme-là, moi!... Et toi?

— Oh! monsieur, ce serait affreux de penser qu'elle n'aime pas votre ami, qui l'aime tant!...

— Mon garçon, tu ne connais pas encore le monde : ce sont justement les hommes qui aiment tant qui trouvent des femmes qui ne les aiment guère! Prends-y garde... tu sauras cela plus tard. Tu es gentil, tu auras une maîtresse... Est-ce que tu n'en as pas déjà au moins une?

— Ah! monsieur... Je vais porter votre gâteau, monsieur.

Et Alexis se sauve comme s'il craignait d'en entendre davantage. Il se rend devant le magasin de lingerie, et se dispose à attendre qu'on l'aperçoive, pour aller sous la porte cochère où l'on a l'habitude de le trouver; mais, cette fois, il n'a pas besoin de prendre cette précaution. A peine est-il devant la boutique, que deux des demoiselles paraissent sur la porte et font signe au jeune commissionnaire d'approcher, en lui disant :

— Viens donc, Alexis. Ohé, petit !...

— Viens ! Tu peux entrer par ici, il n'y a pas d'inconvénient; madame est à l'Opéra, elle ne rentrera qu'à minuit.

— Nous sommes maîtresses de la maison... nous n'avons pas besoin de nous gêner.

Et, en effet, les demoiselles ne se gênaient pas ; elles avaient toutes quitté leur place habituelle, pour causer et rire entre elles. Ariane se composait devant une glace une autre coiffure; Rosine se faisait les cartes ; la grande Adèle mangeait des confitures ; Léonore et Louisa regardaient dans la rue; c'étaient elles qui venaient de faire signe à Alexis d'entrer.

— Mesdemoiselles, voici notre page du coin qui apporte quelque chose, probablement pour l'une de nous. N'est-ce pas, Alexis ?

— Oui, mademoiselle.

— Oh ! qu'est-ce que c'est ?... Voyons, voyons...

— Ah ! c'est un baba, un superbe baba !...

— Un instant, mesdemoiselles, dit Ariane en s'avançant ; ce gâteau n'est probablement pas pour tout le monde... A qui est-il adressé ?... Répondez, commissionnaire...

Alexis hésite et balbutie :

— Mais si la personne à qui je dois le donner... ne veut pas qu'on sache... qu'elle en reçoit ?...

— Bah ! bah ! voilà bien des mystères ! Pour un gâteau, ça n'en vaut pas la peine !...

— D'ailleurs, on est toujours bien aise de recevoir quelque chose... dit Léonore.

— Ah ! je sais bien que ce n'est pas pour moi ! soupire la brune Louisa. Je ne connais personne... alors, on ne peut rien m'envoyer !

— Voyons, Alexis, pour qui apportez-vous cela ? répond Ariane, qui s'attend bien à ce qu'on lui réponde que c'est pour elle.

Mais Alexis se dirige vers Rosine, qui se fait toujours les cartes, et pose le baba devant elle, en lui disant :

— C'est pour vous, mademoiselle.

— Pour moi !... Tiens, Moulard s'est fendu d'un baba !... Ah ! quel luxe !...

— Ah ! c'est Moulard qui le lui envoie... Entendez-vous, mesdemoiselles ? elle ne s'en cache plus.

— Eh bien! oui... Tiens, pourquoi donc que je m'en cacherais!... Est-ce qu'il est défendu d'avoir un amoureux?.. Est-ce que nous n'en avons pas toutes?...

— Ah! je n'en ai pas, moi! dit Louisa en soupirant.

— Et c'est bien ce qui te désole... Il est superbe, ce baba!... Cependant, j'aurais préféré un nougat... C'est égal, mesdemoiselles, je vous en offre à toutes... J'espère que vous voudrez bien m'aider à le manger?

— Mais oui.

— Très-volontiers.

— Avec plaisir.

Ariane, qui d'abord a fait la moue, en voyant que le gâteau n'est pas pour elle, reprend sa bonne humeur, en disant :

— C'est très-bien, de manger ; mais le baba, ça étouffe, et nous ne pourrons pas avaler celui-là sans boire...

— Elle a raison ; il faudrait boire quelque chose...

— Mesdemoiselles, dit Alexis, j'ai fait ma commission ; vous n'avez plus besoin de moi, je m'en vais...

— Mais, attends donc, attends donc... Si, nous avons encore besoin de toi. Mesdemoiselles, si nous faisions venir de la bière, pour arroser notre gâteau?... Il fait chaud, c'est bon, la bière!...

— J'aimerais mieux de la groseille, ou de l'orgeat...

— Ah ! ouiche ! il nous en faudrait des pintes alors, et puis c'est trop cher...

— Rosine a raison ; de la bière, c'est rafraîchissant et désaltérant... Voyons, mesdemoiselles, sommes-nous en fonds ?... c'est le moment de se fouiller.

— Moi, je donne dix sous ! dit Adèle.

— Et moi sept, dit Léonore. Voyons, Louisa, que donnes-tu, toi ?

La jeune Louisa, après avoir tâté, fouillé et retourné toutes ses poches, présente un décime, en disant :

— Voilà tout ce que je possède...

— Deux sous ! c'est du joli ! tu n'auras que de la mousse, toi. Moi, je donne le gâteau, je ne dois pas payer la bière...

— Tenez, mesdemoiselles, je donne cela, moi ! dit Ariane en présentant une pièce de deux francs.

— Quarante sous ! Ariane donne quarante sous !.. Ah ! mesdemoiselles ! vive Ariane !

— Nous lui porterons un *touillasse*, comme disent les Anglais.

— Qu'est-ce qu'elle nous chante, avec son *touillasse* !... c'est un *toste* que tu veux dire ?

— Qu'importe ! toste ! toto !... enfin nous boirons à sa santé. Alexis, prends cet argent et va nous chercher de la bière... beaucoup de bière !...

— Mesdemoiselles, s'il prenait un peu de cidre aussi?...

— Veux-tu te taire avec ton cidre?... Ah! que cette Louisa est donc canaille !... Pour tes deux sous, demande-lui donc aussi des glaces?...

— C'est du coco que tu devrais boire !

— Tiens, c'est très-bon, le coco!... je n'en fais pas fi, moi; j'en bois souvent.

— Alexis, prends le magot... il y cinquante-neuf sous, apporte-nous beaucoup de bière...

— Oui, mesdemoiselles.

Le jeune commissionnaire est parti, et les demoiselles préparent une table et des verres pour leur festin impromptu. Léonore saute de joie en chantant :

— Ah! quel bonheur! de la bière et du baba !... Comme on se régalera !...

— Mesdemoiselles, dit Louisa, êtes-vous de mon avis?... Je propose de donner à Alexis du gâteau et de la bière, car il est bien complaisant, ce garçon-là : il fait tout ce que nous voulons; et puis il est si poli, il a plutôt l'air d'un employé de commerce que d'un commissionnaire !...

— Oui, oui, nous le voulons bien.

— Nous le ferons rester; d'ailleurs, voilà qu'il est dix heures, nous pourrons bien fermer, on ne nous dérangera plus...

— C'est cela, fermons, et nous serons chez nous ! nous ferons le diable si cela nous plaît !

Alexis revient; il porte une canette et il est accompagné d'un garçon de café qui porte deux énormes moss, qu'il pose sur les comptoirs.

— Mesdemoiselles, dit le jeune commissionnaire, deux moss à vingt-quatre sous et une canette de douze sous, c'est votre compte...

— Mais non, ça fait soixante sous et tu n'en avais que cinquante-neuf...

— J'ai ajouté un sou pour compléter .. Voilà tout ce que vous vouliez... Bonsoir, mesdemoiselles...

— Mais non... pas bonsoir ! nous voulons que vous restiez avec nous, Alexis, pour boire de la bière et manger du baba... Nous vous devons bien cela pour votre empressement à nous servir.

— Ah ! mesdemoiselles, vous êtes trop bonnes ! Je ne mérite pas que vous me fassiez tant d'honneur...

— Si, vous le méritez ; d'abord vous êtes bien élevé, vous avez de bonnes manières..., vous n'êtes pas un commissionnaire comme les autres..., cela se voit tout de suite...

— Vous restez à notre festin..., c'est convenu... D'ailleurs, ce serait très-malhonnête de nous refuser...

— Mesdemoiselles..., puisque vous le désirez... je resterai...

— Très-bien..., et vous allez nous aider à fermer la boutique.

— Oui, mesdemoiselles.

— Oh ! comme nous allons rire ! faire des folies ! s'écrie Léonore. Mesdemoiselles, si vous m'en croyez, nous danserons !

— Danser sans musique ? ça ne met pas en train.

— Quelqu'un chantera... Alexis, chantez-vous ?...

— Bien peu, mademoiselle.

— Ah ! mais il sait peut-être siffler..., il y a des garçons qui sifflent des contredanses tout entières.

— Oh ! je ne sais pas siffler, mademoiselle. Je ne suis bon à rien !...

— Vous êtes trop modeste...

— Par exemple, dit la petite Louisa, ce que je demande, c'est qu'Alexis ôte sa casquette ; il la porte toujours si en avant sur ses yeux qu'on les voit à peine... Il me semble qu'il peut bien nous laisser voir s'il est gentil sans casquette.

— Louisa a raison ; Alexis, ôtez votre casquette !

Cette condition semble contrarier le petit bonhomme du coin beaucoup plus que tout le reste ; il hésite un moment, puis enfin il se décide à ôter sa casquette ; alors une forêt de beaux cheveux châtain retombent sur son col, un front bien blanc se dégage dessous, et de grands yeux bruns, bien fendus, bien tendres, bien doux, se baissent vers la terre, comme pour se dérober aux éloges qu'on peut leur adresser.

Toutes les jeunes filles poussent un cri et semblent en admiration devant cette jolie tête qu'elles peuvent alors contempler tout à leur aise.

— Ah ! qu'il est gentil !...
— Quelle charmante figure !
— Mais on dirait que c'est une femme !...
— Alexis, êtes-vous bien sûr d'être un homme?

Alexis rougit et baisse encore plus les yeux en balbutiant :

— Mais... certainement..., mademoiselle.

— Alors pourquoi donc cachez-vous ainsi votre figure avec la visière de votre casquette? Quand on est gentil comme vous, on ne doit pas craindre de se faire voir, au contraire.

— Mademoiselle..., c'est parce qu'on m'a souvent dit que j'avais l'air d'une femme..., cela me nuisait pour faire des commissions ! On ne m'aurait pas employé... comme on emploie un homme.

— Ah ! au fait, il a raison. Allons, goûtons la bière et le gâteau.

On fête le baba et la bière, puis Ariane valse avec Adèle, et Rosine avec Léonore. La petite Louisa veut en vain faire valser Alexis avec elle. Celui-ci résiste, il prétend que cela l'étourdit. Pour se dédommager, la jeune lingère, qui se tient constamment à côté du gentil commissionnaire, le pince, le chatouille, l'agace sans cesse et lui fait des yeux très-éloquents, en lui disant :

— Alexis, est-ce que vous n'aimez pas quelqu'un ! On ne peut pas rester au monde sans connaître l'amour... Moi, je n'ai pas d'amoureux..., mais je voudrais bien en avoir un...

— Oh ! mademoiselle, je ne pense pas à ces choses-là, moi !...

— Vous avez tort ! il faut y penser...

— Mon Dieu, Louisa, laisse donc Alexis tranquille ! dit Rosine, tu ne vois donc pas que tu l'embêtes...

— Ah ! par exemple !... Est-ce vrai que je vous embête, Alexis ?

— Il est trop poli pour te l'avouer ! Au lieu de lui faire des yeux blancs, tu ferais mieux de le prier de nous conter son histoire et ce qui l'a obligé à se faire commissionnaire, car on voit bien qu'il a reçu de l'éducation et n'était pas né pour le métier qu'il exerce !

— Ah ! oui, contez-nous votre histoire, Alexis..., et dites-nous bien tout !... De quel pays êtes-vous, d'abord ?

— De Bordeaux, mademoiselle...

— Tiens ! je connais une chanson là-dessus :

C'est dans la ville de Bordeaux
Qu'est arrivé un grand vaisseau...

— Veux-tu te taire, Louisa! est-elle stupide avec sa chanson!... Laisse donc parler Alexis... Poursuivez, petit Bordelais...

Mais le joli commissionnaire semblait chercher ce qu'il allait dire, lorsqu'on entend frapper plusieurs coups aux volets de la rue. Toutes les jeunes filles restent saisies et murmurent :

— On a frappé...

— Oui..., c'est bien ici..., on frappe encore...

— Est-ce que ce serait madame ?

— Pas possible! il est à peine onze heures... D'ailleurs, madame rentre par la porte cochère.

— Faut-il ouvrir, mesdemoiselles ?

— Attendez, dit Ariane, il faut d'abord voir qui est là.

La jolie blonde s'approche des volets, où l'on cogne encore :

— Qui est-ce qui est là ?

— C'est moi !

— Qui, vous !

— Smith, le jockey de mon maître !

— Ah! le jockey de son maître est bien bon!... Et que voulez-vous, jockey de votre maître ?

— Je avais une bouquette à remettre à le demoiselle Ariane Froutini...

— Il a un bouquet pour moi... Oh! c'est différent!... Attendez, je vais ouvrir.

Le volet est ouvert : un grand dadais, en culotte de peau, en veste rouge et coiffé d'une toute petite casquette, se présente, tenant à la main un magnifique bouquet formé des fleurs les plus rares. Il regarde toutes les demoiselles en baragouinant :

— Où était la demoiselle Ariane... Frou Frou... Froutini?

— C'est moi!

— Voilà une bouquette que mon maître il vous envoie...

— Ah! mesdemoiselles, voyez donc le beau bouquet... Des fleurs magnifiques! des camélias..., une fleur de magnolia..., c'est superbe!

— Et vous ne lui demandez pas qui vous envoie cela? murmure Alexis, tout étonné de voir la belle lingère prendre et admirer le bouquet qu'on vient d'apporter.

— Alexis a raison, s'écrient les demoiselles. Ariane, demandez-lui donc le nom de son maître...

— Mais je présume qu'il va me le dire... Vous entendez, jockey? Qui vous envoie?

— C'était le maître à moa!

— Vous nous avez déjà dit cela... Mais comment se nomme-t-il, ce monsieur si galant ?

— Il avait pas chargé moa de dire le nom de lui ; mais il y avait un petite billet dans la grosse fleur qui apprendra à vous...

— Un billet dans une fleur... Ah ! oui..., en effet, voilà un petit papier... Oh ! c'est bien plus gentil...

— Dites donc, jockey, s'écrie Rosine, pourquoi venez-vous donc si tard porter vos bouquets ? on aurait pu ne plus vous ouvrir.

— Aoh ! voilà une heure que je promenais moa dans la rue et que je pouvais pas trouver le magasin... A présent, j'ai fini, je dis bonsoir la compagnie...

— Bonsoir, l'Anglais !

Le grand jockey est parti. Ariane tient dans sa main le billet qui était placé dans une fleur, elle le chiffonne, mais ne l'a pas encore ouvert.

— Eh bien ! dit Rosine, tu ne lis pas le billet doux que l'on t'écrit ? tu n'es pas plus curieuse que cela de savoir d'où te vient cet admirable bouquet ?...

— Non, mesdemoiselles, je lirai cela chez moi, quand je serai seule ; car enfin la personne qui m'écrit peut avoir des raisons pour vouloir garder l'incognito... la preuve, c'est qu'elle a défendu à son jockey de me dire son nom. Ce serait donc très-mal à moi de vous communiquer ce qu'il y a dans ce papier...

— Ah ! elle est bien bonne, celle-là !...

— Pardine ! on le devine bien ce qu'il y a dans ce poulet... une déclaration d'amour..., comme c'est malin !

— D'ailleurs, mesdemoiselles, il se fait tard, madame va rentrer, il est temps que chacune aille se coucher...

— Ah! c'est juste, il ne faut pas attendre madame... Allons, chacune à sa niche ! Bonsoir, Alexis.

— Bien le bonsoir, mesdemoiselles...

— Alexis, venez-vous de mon côté, dit Louisa. Je reste rue Saint-Denis ?

— Oh ! mademoiselle, moi, je demeure à deux pas d'ici..., sur le quai... Mesdemoiselles, je vous remercie de nouveau et vous souhaite une bonne nuit.

On se quitte ; mais Alexis est triste et inquiet ; il pense au bouquet que la blonde Ariane a reçu et se dit :

— Ce n'est pas, à coup sûr, M. Adhémar qui lui a envoyé cela... Et elle reçoit un bouquet d'un autre..., et elle avait l'air d'en être enchantée !... Pauvre Adhémar! lui qui l'aime tant !. . Ah! ce n'est pas bien !

VIII

MONSIEUR CHATROGNÉ

Quelques jours après cette soirée, Adhémar a fait signe au petit bonhomme du coin d'aller l'attendre chez lui. Alexis s'est hâté de traverser la rue et de grimper les quatre étages pour arriver chez le jeune commis. Celui-ci lui remet une petite boîte dans laquelle une charmante paire de boucles d'oreilles repose sur du coton, et un petit billet bien brûlant dans lequel il demande à sa maîtresse si elle peut être libre le soir, en disant à son messager :

— Va te montrer devant le magasin, attends qu'Ariane te voie.

— Oh! elle me verra bien vite, monsieur; mademoiselle Ariane est placée tout contre les vitres, et elle regarde très-souvent dans la rue...

— Alors, dès qu'elle t'aura vu, tu iras comme à l'ordinaire l'attendre sous la porte cochère... Tu lui remettras cette boîte...

— Je gage qu'il y a encore là-dedans quelque joli cadeau !...

— Et ce billet ; elle le lira et te dira sur-le-champ sa réponse, que tu viendras me rapporter... Tu entends bien ?

— Oui, monsieur, parfaitement.

— Va... Je vais attendre ton retour en bas, sur la porte de la rue.

Alexis se hâte de faire ce qu'on lui a recommandé : la blonde Ariane qui, en effet, n'est jamais longtemps sans regarder dans la rue, aperçoit bientôt le petit commissionnaire. Elle a vite trouvé un prétexte pour se déranger, et va rejoindre Alexis. Celui-ci lui remet ce dont on l'a chargé. La jolie lingère commence par ouvrir la boîte ; pour elle cela presse plus que la lettre. Elle sort les boucles d'oreilles qui sont ornées de perles fines, les examine, puis fait une espèce de moue...

— Ah ! que c'est joli ! Ah ! les belles boucles d'oreilles ! s'écrie Alexis.

— Tu trouves cela joli, toi ? on voit bien que tu ne

t'y connais pas, mon garçon. C'est tout ce qu'il y a de plus commun... de plus rococo !... Enfin !... ce sera pour la campagne...

— Vous ne lisez pas le billet, mademoiselle ?

— Ah ! j'ai le temps ! Rien ne presse.

— Mais M. Adhémar m'a dit de lui porter votre réponse ?...

— Ah ! il y a une réponse à faire... Voyons. Oh ! il aime bien à écrire, Adhémar; il en met toujours trop long

Ariane a lu le billet, elle réfléchit un moment, puis dit à Alexis :

— Tu annonceras à celui qui t'envoie que je suis bien fâchée, mais je ne suis pas libre ce soir; par conséquent qu'il ne compte pas sur moi. Va...

— Quoi ! c'est là tout, mademoiselle ?

— Sans doute, c'est tout... Que veux-tu donc de plus ?

— Mais... pour les boucles d'oreilles... vous ne lui dites rien ?

— Oh ! ce n'est pas la peine... nous avons le temps. Elles ne sont déjà pas si belles !... Quand je le verrai, je lui dirai de me les changer...

— Alors vous ne faites pas dire à M. Adhémar quand vous pourrez le voir ?...

— Ah çà, de quoi te mêles-tu, petit page qui as

l'air d'une fille! Adieu, va, je n'ai pas le temps de rester davantage.

Ariane s'enfuit. Alexis revient tristement vers la demeure de celui qui l'emploie. Adhémar l'attendait sur le seuil de la rue ; il court à lui, empressé de savoir l'effet que son cadeau aura produit; mais son messager semble tout contrit de la réponse qu'il vient faire ; il tâche cependant de l'adoucir, en balbutiant :

— Mademoiselle Ariane est bien fâchée, bien contrariée... Mais elle n'est pas libre aujourd'hui...

— Ah! quel ennui!... Et t'a-t-elle dit quel jour elle serait libre ?

— Non, monsieur...

— Et... ce que je lui ai envoyé.... en a-t-elle été contente ?

— Oh! oui, monsieur... Elle a regardé bien longtemps les boucles d'oreilles...

— Et elles lui plaisent ?

— Dame, il me semble qu'elles doivent plaire à tout le monde... Elles sont si gentilles!... Du reste, mademoiselle Ariane a dit qu'elle en parlerait à monsieur.

— Allons... c'est bien, je ne la verrai pas ce soir... et voilà cinq jours que je ne l'ai vue!... Elle est donc bien moins libre depuis quelque temps!... Si c'était un autre motif... Mais non... elle m'aime... Elle m'a juré de m'être fidèle !... Et je fais tout ce que je peux pour lui être agréable... Ah! je suis trop soupçonneux... un rien m'inquiète... Alexis, tu n'as vu personne ? je veux dire pas de jeunes gens nouveaux, rôder devant le magasin d'Ariane ?

— Non, monsieur, personne !

Alexis se garde bien de parler du jockey anglais qui est venu apporter le magnifique bouquet à la jolie blonde, bouquet que celle-ci a fort bien accepté. En apprenant cela à Adhémar, il sent qu'il lui mettrait au cœur tous les tourments de la jalousie, et se dit : « Pourquoi le rendre tout de suite malheureux, en lui faisant savoir qu'on lui est infidèle, il le saura toujours assez tôt. »

Avant de renvoyer son commissionnaire, Adhémar lui dit :

— Rends-toi à l'étude de Moulard, il a besoin de t'employer, il te cherchait tout à l'heure. Je lui ai dit que je ne te garderais pas longtemps.

Alexis obéit et se rend chez le notaire. C'est toujours avec une certaine crainte qu'il se décide à entrer dans l'étude depuis qu'il sait que Mondorcet la fréquente aussi quelquefois.

Mais le premier clerc est seul dans son bureau

lorsque le petit commissionnaire entre-bâille doucement la porte.

— Ah! c'est Alexis. Eh bien! entre donc! lui crie Moulard; on dirait que tu as peur d'avancer!

— Ah! pardon... je craignais de déranger... Mais monsieur est seul?

— Oui, oui, je suis seul... Mon client Mondorcet n'est pas ici... car c'est lui que tu as peur de rencontrer... avoue-le?

— C'est vrai, monsieur...

— Ce farceur-là t'a donc fait quelque chose? à toi ou à une personne que tu connais, pour que tu le redoutes ainsi?

— Monsieur... je ne puis pas vous dire... je ne saurais vous répondre... c'est un secret... que je dois garder.

— Vraiment! Ah! tu as déjà des secrets, toi!...

— Et si c'était chez M. Mondorcet que vous ayez l'intention de m'envoyer, je dois vous dire que je n'irais pas...

— Ah! c'est à ce point-là!... Mais rassure-toi, Alexis, ce n'est pas chez M. Mondorcet que je veux t'envoyer, et je crois même que tu ne reverras guère ce monsieur ici. Que viendrait-il y faire!.. Après avoir vendu tout ce qu'il possédait... c'est-à-dire tout ce qui appartenait à sa femme... il a trouvé moyen de se faire prêter trois mille francs par mon notaire. J'ai peur que le patron n'ait eu tort ; mais c'est son affaire.

— Mon Dieu !... si ce monsieur a tout vendu... que restera-t-il donc à sa femme, alors ?...

— Ah ! c'est une leçon pour les veuves qui se remarient... Je gagerais bien que celle-là est plus âgée que Mondorcet ; mais celui-ci était joli garçon !... et il aura donné dans l'œil à la veuve et l'a épousée pour ses écus ; voilà comme ça se joue ! Ces choses-là arrivent tous les jours, et les sottises des uns n'empêchent jamais les autres de les imiter.

— Pauvre dame !... Et vous ne savez pas si elle est à Paris avec son mari ?...

— Oh ! par exemple ! est-ce que ce viveur de Mondorcet aurait amené sa femme à Paris ?... Jamais ! il l'a laissée à Bordeaux, et, je crois, ne s'inquiète guère de ce qu'elle y fait. Mais c'est assez nous occuper de ce monsieur ; il s'agit d'un particulier d'un autre genre, que je crois aussi avare que l'autre est dépensier, plus qu'avare même !... Cela me fait l'effet d'un cancre, d'un homme qui doit se couper les cheveux pour les vendre... Mais il n'a plus ce plaisir, il est chauve !... Cet homme, qui est mis comme un écrivain public, qui porte un paletot usé, râpé, un pantalon rapiécé, et sur la tête une espèce de petite tourte ronde que l'on ne ramasserait pas si on la voyait à terre, cet homme est fort riche, il a des maisons dans divers quartiers de Paris; il achète des terrains, il fait l'usure et loge dans une sale maison, où il occupe, au troisième, un logement dans lequel il est verrouillé, fermé, cadenassé, de crainte des voleurs; de plus, il a chez lui tout un arsenal pour se défendre si on tentait de l'attaquer.

— Ah! mon Dieu... Et cet homme est votre ami?

— Mon ami? Oh! non, mon client, ce qui est bien différent. Il nous charge de le prévenir lorsqu'une bonne affaire se présente; nous lui avons déjà fait faire des achats importants. Il a beaucoup de confiance en moi, parce que je lui ai plusieurs fois donné des conseils qui se sont trouvés bons, et le pleutre ne m'a jamais offert même un petit verre!... Mais le patron tient à sa clientèle. Tu vas te rendre chez cet arabe... C'est rue Saint-Honoré... Tiens, voici son adresse... monsieur Chatrogné. Hein! le nom est digne de l'individu, n'est-ce pas, petit?

Mais Alexis est demeuré frappé de surprise, et il murmure :

— Chatrogné... Est-ce bien Chatrogné que vous avez dit?

— Oui, oui... C'est Chatrogné! Eh bien! te voilà

tout ébahi ! Est-ce que tu as encore des secrets avec ce client-là ?

— Et vous dites qu'il est riche ?

— Je le crois bien ! Fort riche même !...

— Oh ! alors ce ne peut pas être celui... celui qui a connu quelqu'un de ma famille... car le Chatrogné dont je veux parler était pauvre... très pauvre... ruiné par de mauvaises affaires...

— On peut être pauvre et se remonter... La fortune varie ; après nous avoir longtemps maltraité, on devient quelquefois son favori.

— C'est vrai... Mais celui dont j'ai entendu parler était encore pauvre et malheureux il y a quatre ans.

— Pauvre, il y a quatre ans ? Mais il y a justement quatre ans que le Chatrogné chez lequel je t'envoie a acheté pour cent mille francs de terrains du côté de Bercy... J'en suis certain : il a payé à notre étude.

— Oh ! ce n'est pas le même, assurément.

— Eustache-Pancrace Chatrogné... de Bordeaux...

— Eustache-Pancrace... de Bordeaux ! C'est pourtant bien cela... Ce sont ses prénoms...

— Alors c'est le même qui a dit qu'il était pauvre et malheureux, tandis qu'il faisait d'excellentes affaires. Il avait sans doute ses raisons pour se dire ruiné ; nous avons comme cela beaucoup de gens qui cachent l'état de leur fortune : les uns, c'est pour qu'on ne leur emprunte pas d'argent ; les autres, c'est de crainte d'être volés ; chez d'autres enfin, c'est pour ne pas payer leurs créanciers. Au reste, si mon Chatrogné est celui que tu connais, tu vas en être sûr en le voyant.

— Oh! monsieur, je ne le connais pas... ou du moins je me le rappelle à peine. Quand je l'ai vu, j'étais très-jeune... j'avais dix ou onze ans!... Il me semble qu'il était déjà vieux.

— Non, mais les gens sales et mal peignés ont l'air vieux de bonne heure. Chatrogné est maintenant un homme de cinquante-cinq ans, pas davantage ; mais il est certain qu'on lui en donnerait quatre-vingts. Voici une lettre pour lui, c'est encore une bonne affaire qu'il va conclure. Veux-tu lui porter ce billet? As-tu peur aussi d'aller chez ce grippe-sou?

— Oh! non, monsieur ; au contraire, je serai curieux de le voir.

— Eh bien! prends cette lettre et pars... Ah! surtout n'oublie pas de te faire payer ta course ; car il est convenu que c'est lui qui doit payer le commissionnaire que je lui envoie.

— Cela suffit, monsieur.

— Fais-toi donner quinze sous!

— Oh! monsieur, je recevrai ce qu'on me donnera.

— J'ai stipulé quinze sous pour la commission... Arrange-toi là-dessus.

Alexis se rend à l'adresse qu'on lui a donnée. Il trouve une vieille maison, une allée sombre, un escalier noir, humide, crotté, des marches gluantes; enfin une de ces affreuses demeures comme il y en avait tant dans le Paris de nos pères, et qui ne sont pas faites pour faire regretter ce *bon vieux temps* que vantent ceux qui ne l'ont pas connu, comme on vante les vertus de gens qui ne sont plus, lesquels, de leur vivant, n'avaient souvent que des défauts.

Alexis monte trois étages. Là, il voit deux portes, mais l'une est toute simple, tandis que dans l'autre on a pratiqué un vasistas, garni de barres de fer, et à travers lequel on peut, avant d'ouvrir, voir quels sont les visiteurs qui se présentent. Il ne doute pas que ce soit là où il doit s'adresser, et tire un vieux cordon de sonnette qui fait retentir une espèce de cloche digne de figurer dans un parc.

Au bout de quelques minutes, des pas lourds retentissent; puis on ouvre le guichet, et derrière les barreaux paraît une figure jaune, maigre, longue, barbue, coiffée d'une casquette qui n'a plus ni forme ni visière, et peut à la rigueur servir de bonnet de nuit. Des yeux de chat, tout ronds et très-perçants, quoique couverts par des sourcils fort épais, sont la seule chose qui frappe dans cette figure, qui fait toujours la grimace en vous regardant.

— Que voulez-vous? dit une voix qui semble partir d'un estomac creux.

— C'est une lettre que vous envoie M. Moulard, car je pense que vous êtes monsieur Chatrogné?

— Oui... oui... Ah! une lettre de Moulard!... c'est différent... je vais vous ouvrir, alors... Attendez!

Un bruit de barre de fer, de verrous, de clefs se fait entendre, la porte s'ouvre, et M. Chatrogné permet au petit commissionnaire d'entrer chez lui, mais il a soin de s'assurer s'il est bien seul. Puis il referme sa porte, pousse devant lui le jeune messager et l'introduit dans une pièce carrée où il n'y a, pour tout meuble, qu'une table à manger, des chaises de pailles et un buffet.

Il montre une chaise à Alexis, en lui disant :

— Assieds-toi là... je vais lire et voir s'il y a une réponse à faire.

— Oui, monsieur.

— Ne bouge pas de là!

— Où voulez-vous que j'aille, monsieur?

— C'est que je n'aime pas que l'on se promène dans mon appartement... ça use les carreaux.

M. Chatrogné va passer dans une autre pièce,

lorsqu'il s'aperçoit que sur son buffet il y a un pain entamé ; il revient sur ses pas, va au buffet, prend le pain et l'emporte sous son bras, en disant :

— Je crois que tout à l'heure je casserai une croûte !...

Il se dirige de nouveau vers son cabinet, mais il se ravise encore et revient sur ses pas, pour fermer à clef son buffet et fourre la clef dans son gousset ; alors seulement il se décide à laisser Alexis dans cette pièce, où il n'y a rien que l'on puisse mettre dans sa poche.

— Mon Dieu ! ce monsieur a donc bien mauvaise opinion de moi ! se dit le petit commissionnaire. Il croit donc que je me serais permis d'ouvrir son buffet... enfin ! puisque c'est sa manie... Et cet homme-là est riche... très-riche, à ce qu'assure M. Moulard. On ne s'en douterait pas en voyant son logement... c'est très-vilain ici... et lui, comment est-il habillé !... un vieux paletot tout graisseux, tout rapiécé !... et c'est là ce monsieur Chatrogné qui fut l'ami de mon père !... Mon pauvre père avait en lui une entière confiance... Maintenant je me rappelle cet homme... ses yeux surtout : ses yeux, ronds et verts comme ceux d'un chat, m'avaient frappé... Il est riche... et il y a quatre ans, il s'est dit pauvre, ruiné... Mais alors, c'est un fripon que cet homme !... Ah ! s'il savait qui est chez lui, en ce moment !... Mais s'il savait qui je suis, il ne m'aurait pas laissé entrer, il ne m'aurait pas ouvert sa porte... Hélas ! je ne puis pas me faire rendre ce qui m'appartient !... Je suis misérable, et cet homme jouit de ce que mon père avait amassé, mis à part pour moi !... et je n'ai pas de preuves à faire valoir !... Ah ! si j'en avais !... Tant que je l'ai cru pauvre, malheureux, j'ai pris mon parti sans me plaindre ! Mais cet homme est riche et il garde ce qui m'appartient, et il a osé nier avoir reçu de l'argent de mon père... Décidément M. Chatrogné est un fripon !

Celui dont Alexis vient de faire le portrait revient avec une lettre à la main. En rentrant dans la pièce où il a laissé le petit commissionnaire, son premier mouvement est de regarder de tous côtés, comme pour s'assurer que ses meubles sont toujours à leur place ; puis il reporte ses regards sur Alexis et semble craindre qu'il n'ait mis quelque chose dans sa poche, quoiqu'il n'y ait rien à prendre dans la salle d'attente ; mais l'avarice, poussée à l'extrême, devient presque de la folie, et un avare est capable de croire que vous avez emporté une chaise sous votre paletot.

Cependant, comme il est bien évident que le jeune commissionnaire ne cache et n'emporte rien,

Chatrogné lui donne la lettre qu'il vient d'écrire, en lui disant :

— Tiens, petit, voici ma réponse pour M. Moulard ; tu la lui remettras à lui-même, entends-tu ?

— Oui, monsieur, à lui-même.

— Et vas-y tout de suite, ne perds pas de temps, car il s'agit d'une affaire importante, pressée ; le moindre retard pourrait la faire manquer... ne t'amuse donc pas en route !

— Ce n'est pas mon habitude, monsieur.

— Eh bien ! alors, pars donc,.. qu'est-ce que tu fais là ? qui t'arrête ?

— J'attends le prix de ma commission ; M. Moulard m'a dit que c'était vous qui deviez me la payer, que c'était convenu.

— Convenu ! convenu !.. ces clercs de notaire arrangent toujours les choses à leur avantage... Enfin... puisqu'il te l'a dit... c'est ridicule... mais tiens... prends... Oh ! attends... je crois, que je te donne trop !...

— Mais non, monsieur, vous ne me donnez pas assez, au contraire ; il n'y a là que huit sous et M. Moulard m'a dit que vous m'en donneriez quinze..,

— Quinze sous ! pour porter une lettre !... Moulard s'est moqué de toi... pour quinze sous, on prend cinq omnibus, on fait dix lieues avec les correspondances.

— Enfin, monsieur, complétez-moi les dix sous au moins?

— Je n'ai plus de monnaie... c'est deux sous que je te devrai... Va donc vite porter ma réponse!

Et l'avare pousse dehors le petit commissionnaire, puis se hâte de reverrouiller sa porte.

IX

L'ORAGE SE FORME.

Alexis est allé retrouver Moulard pour lui rendre compte de sa commission et lui remettre la lettre que M. Chatrogné lui a donnée pour le maître clerc.

— Et il t'a payé ta commission, ce cancre? dit Moulard; et il a dû même te payer avec joie, car l'affaire dont je lui fais part est très-avantageuse.

— Il m'a donné huit sous.

— Huit sous! rien que huit sous? Je t'avais dit qu'il devait t'en donner quinze.

Il a jeté de grands cris, quand je lui ai dit cela... Enfin il m'a promis que plus tard il me redonnerait deux sous.

— Quel pleutre ! quel misérable ! Et c'est quand

je veux bien lui faire trouver à gagner plus de cent mille francs peut-être... car ces terrains qu'on veut vendre deviendront fort recherchés dans quelque temps, j'en suis sûr ! qu'il te fait faux bond de sept sous... mais il faudra qu'il te les donne... je l'y forcerai bien !

— Oh ! monsieur, ce n'est pas la peine... S'il ne me devait que cela !...

— Comment ! que veux-tu dire ? Chatrogné te devrait de l'argent ?...

— Non... pas à moi, monsieur; mais à une personne... que je connais...

— Et elle ne se fait pas payer ?...

— Ah ! monsieur... c'est qu'elle n'a pas de preuves... de titres qui prouvent la dette...

— C'est égal, envoie-moi cette personne-là, Alexis; et je trouverai peut-être un moyen pour faire rendre gorge à l'avare... Ah ! ce monsieur ne se contente pas d'être ladre, il faut aussi qu'il soit fripon !... Cela ne m'étonne pas, l'avarice rend capable de tout ! Est-elle à Paris, la personne que Chatrogné friponne ?..

— Oui... non, monsieur; pas en ce moment...

— Quand elle y sera, amène-la ici... je serai enchanté de jouer un tour à notre grippe-sou !

— Cela suffit, monsieur.

Alexis quitte Moulard, en se disant :

« Oh! non, je ne puis pas lui faire connaître la victime de ce vilain homme? car alors il faudrait lui dire trop de choses... et je dois rester ce que je suis !... »

En approchant de sa place habituelle, le petit commissionnaire aperçoit Adhémar qui se promenait d'un air agité devant le magasin qui renfermait sa maîtresse, et, lorsqu'il s'en éloignait un peu, ne tardait point à revenir sur ses pas. Alexis remarque l'air soucieux du jeune commis, s'en inquiète, et, en passant contre lui, murmure :

— Monsieur n'a pas besoin de mes services ?

Adhémar s'arrête, regarde Alexis, semble indécis et pousse un soupir en répondant :

— Non... Cependant je voudrais bien savoir si elle m'a vu... Oh! oui, elle a dû me voir... elle a plusieurs fois porté ses regards sur la rue... mais elle a dû aussi apercevoir ce gandin, ce grand mannequin qui ressemble à une gravure du journal des modes, et qui se promenait là, tout à l'heure... Oh! je l'ai reconnu sur-le-champ, ce beau mannequin ! c'est celui que ses amis ont appelé Anatole Pipeaux, au café du bois de Boulogne... et qui mettait tant d'affectation à lorgner Ariane... qui a ramassé son bouquet... Est-ce qu'il a reconnu Ariane dans le magasin?... est ce qu'il cherche à lui parler?... Eh! mais, je ne me trompe pas... le voilà encore, ce monsieur.. oui, il revient par ici... Oh! c'est trop fort !... Certainement, il a des motifs pour se promener devant le magasin de la lingère... Alexis !

— Monsieur ?

— Vois-tu ce grand blond, mis avec tant d'élégance... et qui a l'air fat, suffisant... impertinent même !..

— Oui, monsieur, je le vois.

— L'avais-tu déjà remarqué et observé se promenant par ici ?

Alexis avait fort bien reconnu M. Anatole Pipeaux, qui depuis quelques jours venait très-souvent regarder dans les vitrines de la lingère ; il avait également reconnu le jockey anglais qui suivait parfois le beau blond, pour être ce même domestique qui avait, un soir, apporté un si beau bouquet à la séduisante Ariane. Mais le petit commissionnaire qui devine les craintes, les soupçons, qui en ce moment rendent Adhémar si soucieux, ne veut pas ajouter à ses peines en lui disant ce qu'il sait, et répond :

— Non, monsieur, je ne connais pas le jeune homme que vous me montrez.

— Eh bien ! regarde-le avec attention et de façon

à pouvoir le reconnaître quand tu le verras par ici... Je le soupçonne de chercher à faire la connaissance d'Ariane... Si tu apercevais quelque chose... si tu les voyais se parler... il faudrait me le dire, entends-tu?...

— Oh! monsieur... est-ce que c'est joli de guetter ce que font les autres?...

— Je ne te demande pas si c'est joli! je te dis que je veux savoir si ce grand serin rôde par ici pour faire la connaissance d'Ariane... et puis... Ah! bon! voilà que l'on m'appelle... que l'on me fait signe qu'on a besoin de moi chez le patron... Quel ennui!... Reste là... observe... je vais revenir...

Adhémar court à son magasin. Alexis reste dans la rue et le regarde aller, en murmurant :

« Pauvre jeune homme!... s'il savait la vérité... comme il serait malheureux!... Cette demoiselle Ariane le trompe... j'en ai la conviction!... car je l'ai déjà vue plus d'une fois rejoindre là-bas, sur la place, le grand blond qui l'y attendait... Ah! c'est affreux!... Tromper M. Adhémar, qui l'aime tant!... qui, pour lui plaire... pour satisfaire ses caprices, sa coquetterie, se gêne... s'impose des privations, je le gagerais!... Mais je ne lui dirai jamais tout cela, moi... il le découvrira assez tôt!... car, ces choses-là, ça finit toujours par se découvrir.

M. Anatole Pipeaux continuait à se promener devant le magasin de lingerie, dans lequel il plongeait ses regards, puis portait ses mains à sa figure, faisant aller un doigt d'une certaine façon, ce qui devait être une télégraphie convenue entre lui et la piquante Ariane ; car, pour se comprendre en amour, pour faire deviner, savoir ce que l'on ne peut se dire de vive voix, les amoureux inventent une foule de langages. On se parle avec les mains, avec les pieds, avec les mouvements de tête, par la manière dont on s'habillera, dont on tiendra son mouchoir ou sa canne; tout sert pour se dire : Je vous aime ; pour se donner des rendez-vous, pour tromper les jaloux. L'amour donne alors de l'esprit aux plus simples ! et la fille la plus niaise devient maligne pour s'entendre avec son amoureux : jugez donc de que peut faire celle qui est déjà rouée !

Alexis voit tout cela de la place où Adhémar lui a dit de l'attendre. Après avoir passé encore plusieurs fois devant la lingère, l'élégant Pipeaux est rejoint par son domestique anglais, qui arrive en tilbury et s'arrête pour que son maître puisse monter dans son équipage; ce que fait le monsieur, tout en ayant soin d'y mettre le temps, afin que les demoiselles de la lingère puissent jouir du coup d'œil, ne doutant pas de l'effet que doivent produire sa personne, sa mise et sa voiture ; car ce monsieur calcule tout ; et, en ordonnant à son jockey de venir le rejoindre là, avec sa victoria, il a voulu éblouir les demoiselles du magasin.

En effet, Ariane et ses compagnes n'ont pas manqué de lorgner tout cela, mais la jolie blonde ayant ensuite aperçu Alexis, qui est toujours arrêté dans la rue, se rend bientôt sous la porte cochère de sa maison et, de là, fait signe au petit commissionnaire de venir lui parler.

Alexis se hâte de se rendre près de cette demoiselle, qui lui dit d'un ton aigre :

— Que fais-tu là, dans la rue, sans bouger?

— Mademoiselle, je... j'attendais M. Adhémar qui m'a dit de rester là...

— Il t'a dit de rester là pour guetter ce qui se passe devant mon magasin, peut-être ?

— Mais non, mademoiselle, il a sans doute une commission à me donner... C'est ce qu'il allait faire quand on l'a appelé de chez son patron...

— Oh! ce n'est pas à moi qu'il faut compter tout cela ! Je suis plus fine que M. Adhémar... Depuis une heure je le vois qui se promène dans la rue, en regardant dans mon magasin... C'est très-inconvenant! Si c'est comme cela qu'il fait son ouvrage on lui ôtera sa place, et on fera bien. Je te prie de dire à M. Adhémar que je ne veux pas qu'il se promène si souvent devant nos vitres, parce que cela me compromet... Tu entends, petit ? cela me compromet, et je ne veux pas être perdue de réputation pour ce monsieur. Tu as bien entendu ?... n'oublie pas de lui dire cela !

Et mademoiselle Ariane s'éloigne vivement, laissant Alexis tout attristé par ce qu'elle vient de lui dire. Il regagne l'autre côté de la rue, en se disant :

— Elle ne l'aime plus... Oh! non, elle ne l'aime plus... et il l'aime toujours, lui !... Pauvre jeune homme ! il est cependant bien digne d'être aimé... Pourquoi ne l'aime-t-elle plus ?... C'est donc ce beau monsieur blond qui lui a tourné la tête ?... Il est plus élégant, plus recherché dans sa mise que M. Adhémar..., il est peut-être aussi plus joli garçon... mais quelle différence ! Il a l'air sot, fat, suffisant ; toutes ses manières semblent étudiées..., il pose continuellement. M. Adhémar a l'air spirituel, aimable, obligeant ; il est poli avec tout le monde, sa voix est douce et agréable à entendre... On est heureux quand il vous parle, on regrette toujours de le quitter... et c'est lui que l'on trompe..., c'est l'autre que l'on préfère !... Ah ! mademoiselle Ariane, vous êtes bien coquette !... Et elle veut qu'il ne se promène plus si souvent devant sa boutique... Mais l'autre aussi s'y promène, et il met encore plus d'affectation à s'arrêter pour la regarder... Est-ce qu'il faudra que je lui répète ce qu'elle m'a dit?... Je vais lui faire du chagrin... et quand je le vois triste, cela me fait mal..., je voudrais pouvoir le consoler... mais je n'en ai pas le pouvoir!... Le voilà qui sort de sa maison... Ah! tant pis! je ne lui dirai pas la défense de mademoiselle Ariane! Après tout, la rue est à tout le monde, à lui aussi bien qu'à ce beau gandin qui y fait venir sa victoria... ou son panier, comme ces messieurs appellent maintenant leur cabriolet en paille; et si M. Adhémar aime à se promener ici, il ne sera pas dit que, pour ce grand fat, on le lui défendra... Non, je ne ferai pas la commission de cette demoiselle.

Adhémar a rejoint son petit messager et lui dit :

— Eh bien! qu'est-ce que tu as vu en mon absence?

— Je n'ai rien vu, monsieur.

— Et le grand jeune gandin, est-il resté encore longtemps dans la rue?

— Non, monsieur, il est parti presque tout de suite après vous...

— Et... il n'a pas parlé à Ariane?

— Oh! non, monsieur; pour cela, je puis vous le certifier...

— Et elle n'est pas venue faire des signes sous la porte cochère?...

— Non, monsieur... Elle n'a fait aucun signe à ce grand blond...

— Allons, c'est bien. Merci, mon garçon... Je n'ai plus besoin de toi.

Alexis hésite, il voudrait trouver un moyen pour faire éloigner Adhémar ; il fait quelques pas, puis revient lui dire :

— J'ai aperçu M. Moulard... il avait l'air de chercher monsieur... il est resté un moment dans la rue...

— Oh! ce n'est pas moi qu'il cherchait; c'est sa Rosinette... qui est aussi chez la lingère.

— Ah! oui... la demoiselle grêlée... qui n'est pas jolie...

— Ah! il a bien raison d'aimer une femme qui ne fait pas la conquête de tout le monde..., il doit être plus tranquille...

— Oh! ce n'est pas une raison, monsieur!...

— Tu crois?,.. Comment sais-tu cela, toi, qui ne songes pas à l'amour?...

— Mon Dieu, monsieur, j'ai dit cela... sans y penser... J'ai voulu dire... Au fait, je ne sais pas ce que j'ai voulu dire!... Votre serviteur, monsieur.

« Drôle de petit bonhomme! se dit Adhémar en regardant Alexis s'éloigner. Ah ! il a bien raison de ne pas songer à l'amour... C'est une connaissance bien dangereuse... Enfin, le Pipeaux est parti... je m'alarmais peut-être à tort... et elle m'a défendu d'être jaloux!... Comme si on était maître de cela ! »

X

UNE DAME ÉGARÉE.

Il est onze heures du soir. Après une journée chaude, mais orageuse, Alexis qui a fait plusieurs courses fatigantes, et s'était endormi un moment sur ses crochets, se lève en se disant :

— Quoi ! je m'endors ici !... Ne ferais-je pas bien mieux de rentrer dans ma petite mansarde !... On ne viendra plus me chercher maintenant... il doit être tard... Rentrons.

Alexis prend ses crochets et va traverser la place pour gagner le quai, lorsque, en passant devant le square Saint-Jacques, des gémissements frappent son oreille et une voix plaintive fait entendre ces paroles :

— Mon Dieu! que faire?... que devenir?... De quel côté aller?... Je ne sais pas même où je suis...

Alexis se dirige du côté d'où viennent ces accents; il aperçoit une femme qui s'appuie contre la grille du square et semble ne pas avoir la force d'aller plus loin.

La mise de cette femme est bourgeoise, mais convenable. Elle paraît être d'une condition distinguée; il est assez difficile de voir ses traits et de deviner son âge, car elle porte un chapeau de paille qui avance sur son visage et comme depuis longtemps on n'en porte plus à Paris. Il est donc facile, rien qu'à sa coiffure, de juger que cette femme est étrangère.

Le jeune commissionnaire aborde cette dame, en lui disant de sa voix la plus douce :

— Est-ce que madame a besoin de quelque chose? Peut-être a-t-elle perdu son chemin et ne connaît pas ce quartier? Si je pouvais lui être utile...

— Ah! monsieur... merci, merci mille fois!... Oui, je suis bien embarrassée... bien malheureuse... et je ne connais pas du tout Paris, où je suis arrivée il y a peut-être deux heures...

A mesure que cette dame parlait, Alexis devenait plus attentif, puis il semble agité, troublé, enfin il a besoin de s'appuyer lui-même contre la clôture du square, et sa voix tremble en murmurant :

— Ah! vous arrivez à Paris, madame, et vous venez de bien loin, peut-être?

— De Bordeaux, monsieur.

Alexis a tressailli, il s'efforce de se remettre et reprend :

— Vous êtes de Bordeaux...?

— Pas précisément, je suis des environs. Mais je m'étais fixée à Bordeaux depuis quelque temps... Je viens à Paris pour y retrouver mon mari...

— Votre mari vous attend?...

— Je ne crois pas qu'il m'attende... il sera peut-être fort surpris de me voir ici... Mais moi, je ne voulais pas rester plus longtemps séparée de lui... J'avais mille raisons pour désirer savoir ce qu'il fait à Paris...

— Alors vous allez le retrouver; vous savez son adresse?

— Il m'a écrit qu'il logeait au Grand-Hôtel, boulevard de la Madeleine... Est-ce loin d'ici, monsieur?

— Oh! oui, madame...

— Mais ce n'est pas tout..., vous allez voir, monsieur, combien je suis malheureuse !... En sortant du chemin de fer, je me fais donner une valise, que j'avais emportée avec moi; elle contenait du linge; des robes, tous les effets dont une femme a besoin, elle était très-bien garnie. A la gare, je suis bientôt entourée de commissionnaires, d'hommes qui m'offrent leurs services; l'un d'eux prend ma valise en me disant: « Vous ne pouvez pas porter ça, ma petite dame, c'est trop lourd pour vous. — Mais, lui dis-je, je vais prendre une voiture, car je vais au Grand-Hôtel, boulevard de la Madeleine. — Pas besoin de voiture! reprend cet homme, c'est à deux pas d'ici, je vais vous y conduire... Suivez-moi. » Je me fie à cet homme, je le suis; mais il était déjà nuit et il faut vous dire que j'ai la vue très-faible..., surtout depuis deux ans..., par suite des larmes que j'ai versées; je distingue fort mal les objets. Cependant, je suis cet homme qui tenait ma valise, en lui disant : « N'allez pas trop vite, car je suis fatiguée du voyage... Je pourrais vous perdre de vue. » Pendant quelque temps le commissionnaire fait ce que je lui recommande, mais tout à coup, au détour d'une rue, il se met à courir et disparaît à mes yeux. Je lui crie d'arrêter, j'essaye de courir pour le rattraper... mais je n'en avais pas la force... Je me trouve dans un carrefour où plusieurs rues aboutissaient, laquelle prendre ? Je m'informe, je demande à plusieurs personnes si elles ont vu passer un homme portant une valise sur son épaule. Les unes me répondent qu'elles n'ont rien vu, d'autres me disent : Il a pris par là... puis par là... Je vais par où l'on me dit que l'on a vu mon voleur, mais je ne le rattrape pas!... Exténuée de fatigue, je suis obligée de m'asseoir sur un banc; j'y reste quelque temps, puis je me remets en marche, ne sachant pas où j'allais!... Et c'est ainsi que je suis arrivée ici... où vous venez de me trouver.

Pendant que cette dame parlait, Alexis a pu, grâce à un bec de gaz dont la lumière arrive jusqu'à elle, l'examiner tout à son aise; il est vivement impressionné en voyant les changements, les ravages même que cinq années ont produits dans sa personne. Ces cinq années semblent en avoir accumulé plus de dix sur les traits de la voyageuse. Ses cheveux sont gris, son visage maigre, presque décharné; ses yeux ont perdu tout leur éclat, et l'on devine qu'ils ont versé trop de larmes. Enfin, le chagrin a laissé de profondes empreintes sur cette dame, qui n'a encore que quarante-quatre ans et en paraît plus de cinquante.

— Pauvre mère! comme elle est changée! se dit Alexis; elle a donc bien souffert depuis qu'elle m'a renvoyé, chassé de chez elle!... Ah! je lui avais pardonné, pourtant!... Le ciel n'a donc pas été aussi clément que moi!

— Vous le voyez, monsieur, reprend la voyageuse, j'ai été volée... indignement volée!... Croyez-vous qu'il me sera possible de retrouver ma valise?...

— Hélas ! non, madame, car cet homme qui s'en est emparé n'était sans doute pas un vrai commissionnaire... Avait-il une médaille, un numéro ?

— Mon Dieu ! je dois vous avouer que je ne m'en suis pas assurée, il était déjà nuit... J'étais si préoccupée de me savoir à Paris !... Ainsi donc, c'est fini !... je ne retrouverai pas mes effets... Ah ! quel malheur !...

— Est-ce que votre valise contenait aussi votre argent ?

— Non, j'ai mon porte-monnaie sur moi ; mais, hélas ! je ne suis pas bien riche... Quatre-vingts francs, voilà tout ce qui me reste, tout ce que je possède maintenant... c'est bien peu !...

— C'est toujours plus qu'il n'en faut pour que vous ne soyez pas dans l'embarras...

— Et d'ailleurs, comme demain je serai avec mon mari, je n'aurai plus d'inquiétudes du côté de l'argent... Mais, si je me rendais tout de suite près de lui, il me semble que cela vaudrait mieux que d'attendre à demain. Monsieur, est-ce qu'il ne serait pas possible de trouver une voiture qui me conduirait à ce Grand-Hôtel où loge mon mari ?...

Alexis est quelque temps avant de répondre, car il ne voudrait pas augmenter la peine de celle que le hasard vient de lui faire rencontrer, de cette femme dans laquelle il a reconnu sa mère ; sa mère qui a méconnu sa tendresse et, ajoutant foi à d'indignes calomnies, a obligé son enfant à la quitter. Il réfléchit à la conduite qu'il doit tenir, bien décidé déjà à ne point abandonner sa mère, à faire tous les sacrifices possibles pour lui être utile, mais sans se faire reconnaître d'elle, ne voulant pas la forcer à lui devoir de la reconnaissance.

— Eh bien ! monsieur, vous ne me répondez rien... reprend cette dame. Est-ce qu'à Paris on ne trouve pas des voitures toute la nuit ?

— Pardonnez-moi, madame, ce ne sont pas les voitures qui manquent !... Mais vous voulez aller au Grand-Hôtel pour retrouver monsieur votre mari... et s'il ne logeait plus là... que feriez-vous alors ?... Il est fort tard... Je pense que votre intention ne serait pas de vous loger au Grand-Hôtel, car... dans ce cas... vos quatre-vingts francs ne vous mèneraient pas loin...

— Mais pourquoi supposez-vous que je puis ne pas trouver mon mari à l'adresse qu'il m'a donnée ?... S'il avait changé de demeure, à coup sûr il m'en aurait prévenue.

— Madame, je ne suppose rien... je vous ai fait part de ma crainte... Je pensais qu'il serait peut-être plus prudent à vous de passer cette nuit dans un petit hôtel... ici, tout près, où je vous aurais conduite... C'est un hôtel où l'on ne loge que des personnes respectables, tranquilles... et qui n'est pas cher... Ensuite, demain vous auriez été à la recherche de votre mari...

— Oh! non, je veux tout de suite retrouver Mondorcet; il y a trop longtemps que je suis séparée de lui... près de deux ans, qu'il m'a quittée pour venir dans cette ville terminer des affaires qui ne devaient l'y retenir que quelques mois... Il faut que je sache ce que cela signifie!... Il ne m'attend pas... il m'avait même défendu de venir le retrouver ici... Mais j'ai conçu des craintes... des soupçons. Il faut que je sache ce que mon mari fait ici... monsieur... vous me paraissez bien obligeant, bien serviable... vous avez la bonté de vous intéresser à ma position... Ne voudrez-vous pas m'aider à en sortir?...

— Disposez de moi, madame, je suis à vos ordres. Je ferai tout ce que vous m'ordonnerez...

— Ah! monsieur, je n'ai pas d'ordres à vous donner, mais je suis bien heureuse de vous avoir rencontré... Si ce n'est pas abuser de votre complaisance, je vous prierai de me faire trouver une voiture, et puis de m'accompagner jusqu'à cet hôtel où loge mon mari. Je ne saurais pas, comme vous, à qui je dois m'adresser... J'ai la vue si mauvaise, je pourrais faire quelque méprise ; avec quelqu'un je serai plus tranquille... Monsieur, je ne sais pas qui vous êtes... quelle est votre profession... Je vous prie de ne voir en moi qu'une personne qui est sans appui, sans amis dans cette grande ville, où elle vient pour la première fois... De grâce, ne m'abandonnez pas !...

— Moi ! vous abandonner ! Oh ! jamais, madame, jamais !... Mon Dieu ! je ne suis qu'un pauvre commissionnaire... Servir le public, c'est mon état...

— Ah ! vous êtes commissionnaire aussi ?...

— Soyez sans crainte, madame, ils ne font pas tous comme celui qui vous a emporté votre valise... Bien au contraire ; à Paris, les commissionnaires sont en général honnêtes, dévoués et incapables de commettre un vol. Celui qui vous a trompé n'était point un vrai commissionnaire.

— Vous êtes jeune, n'est-ce pas, monsieur? je le devine à votre voix !...

— Oui, madame, j'ai vingt ans...

— Croyez que je saurai reconnaître ce que vous ferez pour moi !...

— Madame... ne me parlez pas ainsi... Je suis si heureux de pouvoir vous être utile...

— Ah ! monsieur, voilà une voiture qui passe...

— Attendez... je vais savoir si elle est libre...
Cocher! cocher!...

— Voilà, bourgeois...

— Êtes-vous libre?...

— Oui... à votre service... Montez, monsieur et madame...

Alexis fait monter sa mère dans le fiacre, puis se place près d'elle.

— Où allons-nous, bourgeois?...

— Au Grand-Hôtel, boulevard de la Madeleine...

— Au Grand-Hôtel!... connu!... Et vous n'avez pas de colis à emporter?...

— Non, nous n'avons aucun paquet...

— Très-bien... en deux temps nous y serons... Mes bêtes ne sont pas fatiguées, j'ai dormi toute la soirée devant l'Odéon.

La voiture part. Alexis est inquiet, agité, il se dit :

— Si j'allais me trouver avec ce Mondorcet!... Ma mère n'a pu me reconnaître, sa vue est devenue mauvaise... Et puis, ces cinq ans ont dû apporter un grand changement dans ma personne!... Mais ce Mondorcet a le regard si perçant!.,. Oh! il serait capable de découvrir la vérité...

Tout à coup, madame Mondorcet s'écrie :

— Monsieur, il me reste encore un espoir pour ma valise : si cet homme qui la tenait n'était pas un voleur, il aurait pu la porter au Grand-Hôtel où je lui ai dit que je me rendais et la remettre au concierge, en annonçant qu'une dame viendrait la réclamer.

— Ce serait possible, mais ce n'est guère présumable... Aviez-vous dit votre nom à cet homme ?

— Non... je ne crois pas. Enfin, on pourra toujours demander... Une valise en cuir de Russie... D'ailleurs, il y a une plaque et mon nom est dessus...

— Oui, madame, je m'informerai, je demanderai...

Le cocher allait comme s'il dormait encore devant l'Odéon.

— C'est donc bien loin? dit madame Mondorcet, il me semble que cette voiture va bien lentement!...

— Madame, à Paris, les fiacres ne vont guère autrement... à moins que vous n'ayez promis un pourboire extraordinaire... Mais nous approchons cependant...

— Ah! comme ce quartier est brillant, éclairé!... Que de monde encore sur les boulevards!... il est donc moins tard que je ne croyais?...

— Non, madame, il est plus de minuit, mais dans ce quartier on vit plutôt la nuit que le jour...

— Pourquoi cela, monsieur?

— Parce qu'on pense avant tout à s'amuser, à festoyer... Les spectacles, la table, les bals, le jeu sont plus fêtés ici qu'ailleurs... Enfin, c'est le quartier riche, autrement dit le quartier des heureux !...

— Ah ! je ne suis pas étonnée que mon mari soit venu y loger.

— Nous voici au Grand-Hôtel, madame...

— Ah ! quel bonheur !...

— Faut-il entrer dans la cour, bourgeois ?

— Non, c'est inutile ; arrêtez ici... Madame, il n'est pas nécessaire que vous descendiez tout de suite... Laissez-moi d'abord aller m'informer...

— Non, monsisur, oh ! je veux descendre... Je veux tout de suite voir mon mari.

Il n'y a pas moyen de faire comprendre à cette dame qu'elle ferait mieux de ne point descendre de voiture avant de savoir si son époux est toujours dans cet hôtel; et, malgré sa fatigue, elle quitte le fiacre, s'appuie sur le bras que son jeune protecteur lui présente et entre avec lui dans cette demeure fastueuse où elle croit trouver son mari.

Alexis était ému en tenant sous son bras celui de sa mère. Puis il tremblait de crainte; dans chaque homme qui passait devant lui, il croyait voir Mondorcet, et il était alors décidé à fuir, en laissant ce monsieur avec sa mère.

On s'adresse au principal concierge, qui répond :

— Mondorcet?... Je ne connais pas ça... Nous n'avons pas cette personne ici...

— Mais, monsieur, s'il n'y est plus, il a dû y loger... J'en suis certaine, je lui ai écrit ici ; s'il a changé d'hôtel, il a dû vous laisser son adresse...

— Attendez, madame.

Le concierge appelle un autre personnage :

— As-tu connu ici un monsieur Mondorcet?

— Mondorcet!... Mondorcet!... Ah! oui... un monsieur de Bordeaux... d'une quarantaine d'années... déjà un peu chauve...

— C'est cela, monsieur, c'est bien mon mari !

— En effet, il a logé ici ; mais depuis plus de trois mois, il a quitté...

— Quitté!... Et sa nouvelle demeure, monsieur? il a dû laisser son adresse...

— Non, madame, il ne l'a pas laissée...

— Mais alors... mes lettres... Je lui ai écrit plusieurs fois depuis trois mois... comment a-t-il pu les recevoir?

— Madame, en partant, ce monsieur a dit : « S'il vient des lettres pour moi, ne les prenez pas ; cela m'évitera la peine de venir les chercher... »

— Ah ! mon Dieu ! qu'est-ce que cela veut dire ?...

— Pardon, madame... mais on m'appelle... D'ailleurs, je ne peux pas vous en dire plus.

Le majordome s'éloigne d'un côté, le concierge va parler à des voyageurs. Madame Mondorcet est comme anéantie. Alexis la voit qui fléchit, il la soutient, l'emmène doucement jusqu'à leur voiture, et avec l'aide du cocher, parvient à l'y faire remonter. La pauvre femme ne dit plus rien, elle se contente de pleurer. Avant de se placer près d'elle, Alexis se rappelle qu'ils ont oublié de s'informer de la valise, et, quoiqu'il juge cette démarche inutile, il retourne dans l'hôtel, où l'on n'a pas reçu la visite du soi-disant commissionnaire.

Alexis se hâte de retourner au fiacre et de se placer près de madame Mondorcet ; il donne au cocher l'adresse du petit hôtel dans lequel il demeure et dit à sa mère, qui continue de se désespérer :

— Ne vous désolez pas, madame, calmez-vous ; tout espoir n'est pas perdu !

— Mais, monsieur, que voulez-vous que je devienne maintenant que je ne sais où trouver mon mari ?... J'ai été volée de mes effets, je n'ai plus que ce que je porte sur moi... et bien peu d'argent dans ma bourse... Quand il sera dépensé, que ferai-je dans cette ville que je ne connais pas ?... où je n'ai pas un ami, pas une connaissance pour m'aider... me guider... me venir en aide!...

— Mais moi, madame, est-ce que je ne suis pas là?... Si la Providence m'a envoyé sur votre chemin, c'est qu'elle veut que je vous aide... que je vous serve d'appui. Et d'abord je vais vous conduire dans le petit hôtel garni dont je vous ai parlé... J'y demeure, moi, madame, et cela me sera plus commode pour être toujours à vos ordres, pour vous apporter ce dont vous aurez besoin...

— Ah! que vous êtes bon!... Comment ai-je mérité cet intérêt que vous me portez?

— Vous êtes malheureuse, cela suffit...

— Mais vous avez sans doute des parents avec qui vous demeurez?... En ce moment ils sont inquiets de vous, peut-être? et c'est moi qui suis cause...

— Non, madame, je n'ai pas de parents... je suis seul au monde... vous voyez bien que je puis disposer de moi?...

— Quoi! orphelin déjà!...

— Parlons de vous, madame, et ne nous occupons pas de moi. J'ai quelque espoir de vous faire retrouver votre mari...

— Il serait possible!... Et comment cela, monsieur?

— Madame, lorsque vous avez prononcé le nom

de Mondorcet, cela m'a frappé, car ce nom, je l'avais déjà entendu plusieurs fois...

— Où donc cela ?

— Chez un notaire de la rue de Rivoli. Je fais souvent des commissions pour le maître clerc. C'est un jeune homme très-obligeant, très-bon pour moi. A son étude, j'ai aperçu quelquefois un monsieur... d'une quarantaine d'années... et tel que vous dépeignez votre mari.

— Un blond, joli garçon, taille moyenne, la démarche hardie ?...

— C'est bien cela, madame. Il venait chez le notaire pour vendre des propriétés...

— Oui, il m'a dit qu'il gagnerait beaucoup plus d'argent en les faisant valoir lui-même. J'avais ma maison à Bordeaux, j'avais une métairie... puis une petite maison à Paris, rue des Gravilliers, qui me venait d'un héritage ; car je ne l'ai jamais vue...

— Et vous avez donné à votre mari des procurations pour qu'il vende tout cela ?...

— Oui, lorsqu'il trouverait des occasions favorables.

— Votre mari a tout vendu, madame.

— Tout ! vous croyez ?...

— J'en suis certain. Au reste, vous pourrez le savoir de la bouche même du maître clerc, M. Moulard, à qui je vous ferai parler quand vous le désirerez.

— Il serait possible ! Quoi ! Mondorcet a vendu tout mon bien, et il me laisse manquer d'argent loin de lui !... Car, je dois vous l'avouer, monsieur, c'est la gêne dans laquelle je me trouvais qui m'a décidée à quitter Bordeaux pour venir chercher mon mari... Je lui écrivais, et depuis quelques mois il ne me répondait plus... M'a-t-il donc trahie... ruinée entièrement?... Ah ! fatal mariage ! Je suis bien punie d'avoir cédé à l'amour que cet homme m'avait inspiré !... Mondorcet était trop jeune pour moi, qui étais veuve...

— Ah ! ce M. Mondorcet est... votre second mari?...

— Oui. Le premier était si bon, il m'avait rendue si heureuse!... Je croyais que ce serait encore de même avec le second !

— Et... vous n'aviez pas d'enfant de votre premier mariage?

— Pardonnez-moi, monsieur, j'ai un enfant de mon premier mari...

— Un fils... une fille?...

— Ah ! de grâce, ne parlons pas en ce moment de... ce qui renouvelle mes peines... ma douleur..

— Pardon! madame, excusez-moi de vous avoir fait une question indiscrète...

— Plus tard, monsieur, je vous conterai tout ce qui me concerne...

— Oh! je ne vous demanderai plus rien... madame... Je suis trop fâché d'avoir abordé un sujet pénible pour vous!

— Monsieur, plus je vous écoute et plus il me semble que vous ne vous exprimez pas comme un simple commissionnaire... Vous n'avez pas le langage ordinaire des gens de votre état... Vous avez donc reçu de l'éducation, monsieur?...

— Oui, madame, un peu... J'étais né de parents aisés... Les événements m'ont forcé à prendre ce modeste état... Mais nous voici arrivés.

On quitte la voiture. Il était bien tard pour venir demander un logement; mais Alexis était connu dans l'hôtel pour un honnête garçon. Grâce à lui, madame Mondorcet est installée dans une petite chambre bien modeste, mais bien propre, au quatrième étage; et lorsqu'il l'y voit établie, Alexis la quitte en lui disant :

— Au revoir, madame; je loge deux étages au-dessus de vous, et je serai à votre service dès que vous aurez besoin de moi...

— Ah! monsieur, quelle reconnaissance je vous dois! Votre nom, s'il vous plaît?

— Alexis, madame...

— Rien qu'Alexis?

— Oui, madame, c'est tout!

— Eh bien! monsieur Alexis, soyez assez bon, demain matin, dès que vous le pourrez, pour vous rendre chez ce notaire, et demander à ce premier clerc l'adresse de mon mari... Oh! il doit la savoir, lui!

— Je n'y manquerai pas; demain, madame, ce sera ma première course.

— Et vous viendrez tout de suite me dire ce que vous aurez appris?

— Sur-le-champ, madame. Vous pouvez compter sur moi. Dormez bien, reposez-vous, et songez que vous avez un ami à Paris.

— Merci mille fois!... Vous êtes ma providence, monsieur.

— Non, madame, je ne suis que son instrument!

XI

UN MARI INTROUVABLE.

Le lendemain de cette rencontre, Alexis, qui n'a pas fermé l'œil de la nuit, parce qu'il sait que sa mère est là, qu'elle est malheureuse et qu'elle n'a que lui pour soutien, Alexis est debout au point du jour ; il a hâte d'aller voir Moulard, bien qu'il soit persuadé que celui-ci ne pourra pas lui apprendre où l'on peut trouver M. Mondorcet ; mais il a promis de faire cette démarche et ne veut rien négliger pour satisfaire sa mère.

Cependant, comme les études de notaires ne s'ouvrent pas au point du jour, comme le premier clerc n'est pas ordinairement très-matinal, il faut que le jeune commissionnaire patiente quelque temps avant d'aller trouver Moulard. Pour tromper son ennui, il descend, va se mettre à sa place, puis se promène dans la rue de Rivoli, où règne alors un calme qui contraste avec l'animation qui existe dans ce quartier vers le milieu de la journée. Mais il est à peine six heures du matin, les boutiques ne sont pas encore ouvertes, excepté les épiciers et les marchands de vin. En fait de voitures, on ne voit encore que celles des maraîchers et des paysans qui viennent de vendre leurs provisions à la halle. C'est donc avec surprise que le jeune commissionnaire voit un joli coupé de remise venir du bout de la rue et s'arrêter devant la porte cochère qui est contre le magasin de la lingère.

Alexis est curieux de voir qui arrive, ou plutôt qui rentre, si matin dans cette belle maison. Il s'arrête et regarde de loin. C'est la belle Ariane qui sort de la voiture et s'élance vers la porte cochère, légère comme une biche, leste comme une fauvette, et disparaît après avoir fait un petit signe de tête au beau Pipeaux, dont le profil vient de se montrer à la portière du coupé.

— Ah! mon Dieu, se dit Alexis, si M. Adhémar avait été là!... s'il avait vu cette femme, qu'il aime tant, revenir chez elle à six heures du matin, et en coupé, avec ce gandin de l'autre jour!... Quel coup cela lui aurait donné !... Je frémis rien que d'y penser... Décidément, cette Ariane le trahit... Ah ! je la hais, cette femme!... je la déteste... Et, pourtant, je serais bien content s'il ne l'aimait plus... Pourquoi cela ?... Ah ! parce qu'elle ne mérite pas son amour !... Mais, à quoi vais-je penser, quand je devrais ne songer qu'à ma mère !

Enfin, en continuant d'arpenter la rue, Alexis aperçoit le premier clerc du notaire, qui se rendait à son étude ; il court à lui :

— Comment ! c'est toi, Alexis ? dit Moulard ; déjà en course !... Et qui donc t'emploie si matin ?... Il est amoureux de bien bonne heure, celui-là !

— Mais c'est vous que je cherche, monsieur, c'est vous que j'attendais depuis longtemps dans la rue...

— C'est moi !... Bah ! j'ai donc fait la conquête d'une Andalouse, d'une Péruvienne qui veut me voir à son réveil ? Est-elle digne de mes faveurs, au moins ? est-elle moins grêlée que Rosinette ?...

— Monsieur, il ne s'agit pas de conquêtes, d'amourettes !... C'est pour une dame bien malheureuse que je viens vous parler...

— Une femme malheureuse !... J'ai fait pas mal de malheureuses dans ma vie... mais je crois que leur douleur s'évanouissait bien vite devant une bouteille de champagne ! Cela ne me laisse aucun remords !...

— Monsieur, par grâce, écoutez-moi, c'est une affaire sérieuse...

— En effet, tu es bien agité, mon pauvre garçon !... Voyons, parle... Je ne ris plus.

— Hier au soir, bien tard, comme je rentrais chez moi, j'ai rencontré une pauvre dame qui s'appuyait contre la grille du square Saint-Jacques. Il était facile de voir qu'elle était souffrante et accablée de fatigue... Je lui ai offert mes services, qu'elle a acceptés. Elle arrivait à Paris, elle vient de Bordeaux... pour chercher son mari... Et cette dame, c'est l'épouse de M. Mondorcet.

— Ah ! bigre ! la femme de Mondorcet qui vient à Paris retrouver son mari !... Parbleu ! cela ne m'étonne pas, cela devait arriver... Son mari lui a tout mangé... et probablement il la laissait sans le sou là-bas ?..

— Justement, monsieur ; elle ne recevait plus de ses nouvelles, elle était dans la gêne... Elle est venue ici pour retrouver son mari. Et voyez comme le malheur poursuit cette dame !... A la gare, quand elle est descendue du chemin de fer, un misérable se disant commissionnaire lui a pris sa valise et a disparu avec.

— Bon, ça se complique !

— Cette dame n'a plus que quatre-vingts francs pour toute ressource ; mais elle espérait trouver son mari à l'hôtel... au Grand-Hôtel, où il lui avait dit qu'il logeait. Nous y avons été hier au soir... Il n'y loge plus, monsieur, et il n'a pas laissé son adresse. Mais vous, monsieur, vous devez la savoir, puisque vous avez vendu des maisons pour lui?

— Eh! mon Dieu, non, je ne la sais pas. Tant qu'il a demeuré au Grand-Hôtel, il me l'a dite ; mais, une fois que toutes ses propriétés... ou plutôt celles de sa femme, qui a fait la sottise de lui donner pleine procuration, une fois que tout a été vendu, le Mondorcet aura déménagé. Il nous a bien laissé une adresse, mais elle est fausse. J'y ai envoyé, on ne le connaît pas!... Et, le plus joli, c'est qu'il vient de se faire avancer trois mille francs par mon notaire, en lui annonçant qu'il allait le prier de vendre encore une ferme qu'il possédait en Brie; mon notaire a donné dedans... Je lui ai pourtant dit : « Monsieur, méfiez-vous, cet homme-là est un blagueur!... » Mais les mille écus étaient donnés. Depuis, n'ayant plus de ses nouvelles, mon notaire a fait chercher son débiteur au Grand-Hôtel... Plus personne!... Le Mondorcet est déniché!... Et je ne crois pas qu'il sera facile à sa femme de mettre la main dessus.

— Je m'attendais à ce que vous venez de me dire... Ce Mondorcet est un misérable... je le savais...

— Tu le savais!... d'où le connais-tu ?

— C'est... un secret... que je ne puis divulguer...

— Ah ! c'est vrai, tu as des secrets, toi, Alexis ; tu es un petit mystérieux !... Mais enfin, que vas-tu faire de ta pauvre dame ?

— Je tâcherai de la consoler... je la servirai... je travaillerai pour la nourrir...

— Pauvre garçon !... Mais tu ne gagnes que juste pour te soutenir, toi !...

— Pardonnez-moi... je dépense si peu !... J'ai déjà trouvé moyen d'amasser un peu d'argent... Ce sera pour elle, pour lui acheter ce dont elle va avoir besoin.

Moulard prend Alexis par la tête, et avant que celui-ci ait pu s'en défendre, l'embrasse à deux reprises, en lui disant :

— Tu es vraiment un bon petit garçon... un commissionnaire modèle... Veux-tu être clerc de notaire?... Tu as reçu de l'éducation... je te ferai entrer à l'étude.

— Non, monsieur, je vous remercie ; je préfère rester ce que je suis... je suis libre... je pourrai veiller sur cette dame... Il faut bien que quelqu'un la secoure, la protége... Que deviendrait-elle à Paris sans amis, sans parents, sans ressources !...

— Tout cela est bel et bon... Mais enfin tu n'es pas en position de nourrir les autres ! Tu ne lui dois rien à cette dame...

— Oh! si, monsieur, si... je lui dois... d'être heureux en lui rendant service... Enfin, monsieur, tout ce que je vous demande, c'est de tâcher d'avoir des nouvelles de ce Mondorcet, et, si vous le rencontrez par hasard, dites-lui que sa femme est ici et qu'elle ne possède plus rien.

— Parbleu! il doit bien le savoir, qu'elle ne possède plus rien, puisqu'il lui a tout pris, tout mangé... Sois tranquille, mon garçon, si je découvre le Mondorcet, je tâcherai d'en tirer quelque chose... Mais je ne l'espère pas!... Il doit de l'argent à l'étude, il n'y reviendra jamais. Ah! voilà Adhémar qui va à son magasin... Je vais aller lui dire bonjour... Il a l'air tout triste depuis quelque temps... J'ai dans l'idée que sa maîtresse lui fait des traits... Pauvre amoureux!... qui veut qu'une Ariane lui soit fidèle... Elle est trop jolie pour cela... Ah! les femmes grêlées, je ne dis pas... et encore!

Alexis se hâte de retourner à sa demeure ; il faut qu'il aille apprendre à madame Mondorcet le peu de succès de ses démarches; il se demande s'il doit lui dire la vérité et lui ôter tout espoir de retrouver son mari ; il craint de lui causer trop de peine, et cependant il faudra bien que tôt ou tard elle sache quelle est l'indigne conduite de ce monsieur.

Madame Mondorcet n'avait pas fermé l'œil de la nuit; son changement de position, son séjour à Paris, cette petite chambre modeste dans une maison qu'elle ne connaissait pas, tout cela devait chasser le sommeil de ses paupières; mais, ce qui la tourmentait plus que tout le reste, c'était de ne point savoir où trouver son mari, c'était la pensée qu'il l'avait peut-être abandonnée pour toujours, après avoir vendu et dissipé tout ce qu'elle possédait !

A peine avait-elle entendu qu'on était levé dans la maison, qu'elle s'était informée de son jeune protecteur et avait appris qu'il était sorti de très-grand matin. A chaque instant, elle allait demander s'il était rentré. Enfin Alexis revient; mais sur sa figure on devine qu'il n'apporte pas de bonnes nouvelles.

— Eh bien ! lui dit madame Mondorcet, vous avez été trouver ce clerc de notaire, et vous l'avez vu ?

— Oui, madame, j'ai vu M. Moulard, comme il arrivait à son étude.

— Vous lui avez parlé de mon mari ?

— Oui, madame, mais depuis longtemps il ne vient plus chez le notaire... et on ignore où il demeure maintenant.

— Comment! il n'a pas dit sa nouvelle adresse?... Mais c'est impossible !... Car, enfin, il ne peut encore avoir touché tout le montant des propriétés qu'il a vendues?

— Pardonnez-moi, madame, M. Mondorcet a touché tout ce qui lui revenait, et même emprunté, en plus, trois mille francs au notaire, en lui disant qu'il avait encore une ferme dans la Brie.

— Mon Dieu! qu'a-t-il donc fait de tout cet argent?...

— Est-ce que madame ne connaît aucun défaut à son mari?

— Ah! pardonnez-moi, monsieur, il aimait le jeu... il m'avait caché ce défaut avant de m'épouser... Ah! j'ai été bien trompée! et de toutes façons, je crois...

— Madame, un homme qui joue peut perdre en quelques heures une immense fortune!...

— Il me faut donc renoncer à l'espoir de retrouver mon mari?... Oh! non, non, il est à Paris; il faudra bien que je l'y découvre!... J'irai partout... Je demanderai... je m'informerai... je chercherai sans cesse... Vous m'aiderez, n'est-ce pas, monsieur?...

— Oui, madame, comptez sur moi...

— Je vous dois déjà beaucoup... et je ne pourrai jamais reconnaître vos services... Que vais-je devenir, à Paris... sans argent... sans moyen pour en gagner?... Enfin, je travaillerai, s'il le faut... je coudrai... je demanderai de l'ouvrage...

— Ne vous occupez pas de tout cela, madame, et n'ayez aucune inquiétude pour l'avenir. Vous êtes ici chez des gens honnêtes... Cette chambre ne se loue pas cher...

— Mais, monsieur, il faut vivre, s'habiller, et vous savez ce que je possède?... Cela ne peut me mener loin... malgré la plus stricte économie !...

— Encore une fois, ne vous inquiétez pas de cela, madame... Moi, j'ai de l'argent... Dans mon état de commissionnaire, on gagne quelquefois beaucoup, et pour moi je ne dépense presque rien. Ainsi, j'ai déjà mis de côté près de cinq cents francs... Eh bien ! ils sont à vous, madame ; veuillez les accepter et vous me rendrez bien heureux...

— Tant de générosité pour une personne que vous connaissez à peine !... Mais, mon bon jeune homme, vous ne feriez pas davantage pour moi si j'étais votre mère !...

Alexis se détourne un moment pour cacher des larmes qui tombent de ses yeux. Puis il reprend d'une voix émue :

— Eh bien ! permettez-moi de vous regarder

comme ma mère... puisque vous n'avez pas votre enfant avec vous...

— Ah! mon enfant... ma fille... si vous saviez!...

— Oh! je ne vous demande rien, madame!.. Si le souvenir de votre fille vous est pénible... ne m'en parlez pas...

— Et moi, monsieur, je veux que vous connaissiez toute ma conduite. Vous êtes trop bon avec moi, je ne dois pas avoir de secret pour vous. Vous allez me trouver bien coupable, peut-être... Écoutez-moi. De mon premier mariage avec M. Laverne, j'eus une fille que j'ai nommée Édile. Elle était bien jolie.. elle avait tout pour plaire... Elle avait quinze ans lorsque j'épousai en secondes noces M. Mondorcet. Elle était déjà grande, formée ; sa gentillesse attirait tous les regards... Et moi, monsieur, dois-je vous l'avouer?... j'étais quelquefois jalouse des éloges, des compliments que l'on adressait à ma fille... car j'étais coquette... J'avais aussi été fort jolie... Je voulais plaire encore. Être jalouse de sa fille! c'est bien mal, n'est-ce pas, monsieur?... Il me sembla que mon mari, M. Mondorcet, avait aussi pour Édile des regards, des attentions poussées trop loin... Alors la paix cessa de régner dans notre intérieur... Pour la moindre chose, je grondais ma fille... qui cependant se montrait toujours soumise, respectueuse avec moi, et montrait au contraire une grande froideur à mon mari. Mais je crus que tout cela était convenu entre eux... Enfin, un jour, j'aperçus M. Mondorcet qui tenait Édile dans ses bras et voulait l'embrasser...

— Mais elle se défendait, sans doute? s'écrie Alexis ; elle ne cédait pas?...

— Elle versait des larmes et voulut se jeter dans mes bras. Je la repoussai, en lui disant : « Vous ne pouvez plus demeurer avec moi... Je ne veux plus que mon mari habite sous le même toit que vous!... Quittez-moi... Retirez-vous dans une pension... dans un couvent, où vous voudrez, mais quittez cette maison!... »

— Ah! madame, vous avez ainsi chassé votre fille de chez vous!... votre fille, qui n'était pas coupable... Je le jurerais, moi !

— Ah! je le crois maintenant. Elle avait alors seize ans... mais elle n'était pas sans fortune. Son père, M. Laverne, avait placé pour sa dot 60,000 fr. chez un de ses amis, qui devait faire valoir cet argent et le rendre dès qu'on le lui réclamerait. Je donnai à ma fille le titre de cette créance. « Écrivez à Paris, lui dis-je, à M. Chatrogné, et faites-vous donner la somme que votre père lui a confiée pour vous... » Grâce au ciel, je savais que ma fille ne serait pas embarrassée, qu'elle pourrait entreprendre quelque commerce... Si je n'avais pas su son existence assurée, croyez-le bien, jamais je ne l'aurais éloignée de moi !... Penser que ma fille pouvait être dans la misère ! c'eût été une pensée trop cruelle, et c'est alors que je ne me serais jamais pardonné ma conduite !...

Alexis pousse un gros soupir en se disant :

— Si elle savait la vérité !... Mais je ne dois pas la lui faire connaître, puisque cela augmenterait ses remords et ses regrets !

— Et, depuis ce temps, vous n'avez pas eu de nouvelles de votre fille ? dit-il en prenant la main de sa mère.

— Non, aucune. On m'a dit qu'elle avait quitté Bordeaux... Elle aura été s'établir dans quelque ville plus modeste.

— Eh bien ! je la remplacerai près de vous... Vous le voulez bien, n'est-ce pas ?

— Ah ! oui... Et, tenez... il me semble que votre voix me la rappelle... que c'est elle que j'entends...

— Et, après le départ de votre fille, la paix a-t-elle régné dans votre ménage ?

— Non ; bien loin de là !... M. Mondorcet se montra furieux de ce que j'avais, sans le consulter, fait partir ma fille. Dès ce moment, il devint d'une humeur maussade... puis enfin m'annonça qu'il voulait aller à Paris pour vendre mes propriétés et en faire valoir le produit... Je voulais l'accompagner. Il me le défendit, en me disant que je le gênerais dans ses opérations, mais qu'il ne serait pas longtemps absent... Maintenant, bon jeune homme, vous savez toute mon histoire. Voyez si je suis encore digne que vous vous intéressiez à moi !

— Oh ! toujours, madame, et plus que jamais. N'ayez donc aucune inquiétude sur vos moyens d'existence... Je pourvoirai à tout... Ici, vous pourrez prendre vos repas ; il y a une petite table d'hôte dans la maison... Oh ! vous n'y manquerez de rien ; et, si vous le permettez, je viendrai tous les jours savoir si vous avez besoin de quelque chose, ou des commissions à me donner...

— Oh ! oui, venez souvent... et puis, dans vos courses, informez-vous toujours de M. Mondorcet. De mon côté, je le chercherai dans tout Paris... Je n'ai pas autre chose à faire ! S'il est encore dans cette ville, je finirai par l'y trouver...

— Ah ! cette ville est bien grande, madame. Croyez-moi, ménagez vos forces, ne vous fatiguez pas trop... Si vous ne retrouvez pas votre mari, ne chercherez-vous pas à retrouver votre fille ?...

— Oh ! il faut, avant tout, que je retrouve mon mari... car je rougirais trop aux yeux de ma fille, si elle savait dans quel état M. Mondorcet m'a réduite ! Mais allez à vos affaires, monsieur Alexis; ne vous occupez plus de moi... Seulement... revenez me voir ce soir, n est-ce pas?...

— Soyez tranquille, madame, je n'aurai garde d'y manquer.

XII

DE L'AMOUR D'UN SEUL COTÉ.

— Oui, je vais travailler avec plus d'ardeur que jamais! se dit Alexis en quittant madame Mondorcet, car maintenant il faut que je nourrisse, que je soutienne ma mère, et il faut qu'elle ne manque de rien... Elle espère encore retrouver son mari! Et moi, mon plus grand désir est qu'elle ne revoie jamais cet homme indigne de son amour, cet homme dont je lui cachais l'infâme conduite, lorsqu'il me poursuivait et cherchait à me séduire!... Je n'osais pas m'en plaindre à ma mère, de crainte de lui causer trop de peine... Et elle m'a soupçonnée, renvoyée!... Voilà quelle a été ma récompense!

Maintenant, cher lecteur, que vous savez aussi

bien que nous le véritable sexe du petit bonhomme du coin, vous trouverez peut-être ridicule que nous continuions à l'appeler Alexis et à le mettre au masculin? Mais tant qu'il n'aura pas repris les habits de son sexe, tant qu'il continuera d'être commissionnaire, nous trouvons plus simple et plus commode de continuer à le nommer Alexis, et nous croyons que cela évitera toute confusion dans la suite de cette histoire.

La présence de sa mère n'avait pas banni du cœur d'Alexis le souvenir d'Adhémar, pour lequel il éprouvait une affection qu'il ne cherchait pas à combattre. C'est donc vers le magasin dans lequel travaille son jeune client qu'il se rend d'abord, afin d'être là, tout à sa disposition, au moindre signe, au plus léger appel.

Mais il n'était pas nécessaire d'aller jusqu'au magasin de nouveautés pour apercevoir Adhémar; le jeune amoureux se promène déjà dans la rue et plonge ses regards chez la lingère, afin d'attirer l'attention d'Ariane, à laquelle il veut absolument parler; mais qui a soin de ne pas jeter les yeux du côté de la rue, quoiqu'elle voie très bien celui qui fait faction pour elle.

Alexis est frappé de l'air de tristesse, de l'altération qu'il remarque dans les traits du pauvre amoureux; il se rappelle ce qu'il a vu le matin, au point du jour, et tremble qu'Adhémar n'ait découvert la trahison de sa maîtresse. Il n'ose pas l'aborder, mais le jeune commis lui en évite la peine; il va à lui :

— Tu n'étais pas à ta place, ce matin ?...

— Non, monsieur, c'est vrai. Est-ce que vous aviez besoin de moi ?...

— Peut-être... Je ne sais pas moi-même ce que je veux... Oh! si, je veux parler à Ariane, qui semble ne plus me voir quand je vais et viens sans cesse là... qui n'a plus jamais le temps de me donner une soirée... depuis le jour où ce grand blondin... cet Anatole Pipeaux, se promenait devant la lingerie. L'as-tu revu, ce monsieur tiré à quatre épingles?

— Non, monsieur, je ne l'ai pas aperçu...

— Mais tu n'es pas toujours là!... Tu ne peux pas tout voir... ni moi, malheureusement! Voilà quatre jours que je n'ai pu rejoindre Ariane... qu'elle m'a évité, ou fait semblant de ne pas voir les signes que je lui fais... Aujourd'hui, il faut absolument que je lui parle, que je sache ce qu'elle a contre moi !... Je ne bougerai pas de cette place...

— Mais, monsieur, on vous appelle de votre magasin... on vous fait signe de rentrer...

— Qu'ils aillent au diable !... Qu'on me laisse tranquille !... Je veux rester ici...

— Ah ! monsieur, vous vous ferez du tort... vous fâcherez vos patrons... Rentrez ! Je guetterai pour vous...

— Non, tu guettes mal ! ou tu ne me dis pas tout ce que tu vois...

Mais un des employés du magasin accourt dire à Adhémar :

— Venez donc, le patron a besoin de vous pour régler un compte ; il est très en colère, il dit que vous n'êtes jamais à votre bureau.

— Quel supplice !... On ne me laissera donc pas tranquille ?...

Cependant Adhémar est retourné à sa besogne, en criant à Alexis :

— Reste-là, et ne la perds pas de vue.

Au bout de quelques minutes, un monsieur du quartier s'approche du jeune commissionnaire et le charge de porter une petite caisse aux Batignolles. La course était longue ; mais Alexis a plus que jamais besoin de gagner de l'argent, et il part avec la caisse, en se disant :

— Quand je regarderais toujours mademoiselle Ariane... je sais très-bien, moi, que cela ne l'empêchera pas d'être infidèle à son amant ! Quand on rentre au point du jour en coupé avec un autre, ce n'est plus la peine d'être surveillée... elle ne vaut pas les frais d'une sentinelle.

Alexis est parti pour les Batignolles. Lorsque son patron n'est plus là, Adhémar quitte de nouveau sa place; il regarde dans la rue et n'y voit plus son commissionnaire; mais, en revanche, il aperçoit sa maîtresse qui vient de sortir de chez sa lingère, avec un carton à la main. La piquante Ariane marche d'un pied léger; elle effleure à peine le pavé et s'envole plutôt qu'elle ne marche; elle semble avoir hâte de disparaître pour ne point être vue par les commis du magasin de nouveautés, et ne tourne pas la tête de leur côté; mais l'œil d'un jaloux ne s'y trompe pas, et, pour reconnaître celle qu'il aime, un amant n'a pas besoin de voir le visage de sa maîtresse : la taille, la tournure, la démarche, la manière de tenir sa tête, ou de balancer ses hanches, tout cela sert d'indice; et un jaloux ne s'y méprend pas !

Adhémar sort, comme un fou, de son magasin; il ne se donne pas le temps de prendre son chapeau, il ne veut pas que sa belle lui échappe, et elle file si vite!... Enfin il la rejoint sur la place du Châtelet et lui touche le bras, en lui disant d'une voix altérée :

— Où donc allez-vous si vite, que l'on peut à peine vous suivre?

Ariane reste saisie en apercevant Adhémar, et ce n'est pas sans une certaine aigreur qu'elle répond :

— Quoi! c'est vous!... Ah! mon Dieu, vous m'avez fait peur!

— Peur!... c'est flatteur! Autrefois, ce n'était pas ce sentiment-là que vous paraissiez éprouver en ma présence!...

— Dame! vous paraissez devant moi tout à coup... comme une bombe... il est bien permis d'être surprise...

— Vous avez passé devant mon magasin sans même jeter les yeux de mon côté; vous sembliez craindre que je ne vous visse...

— C'est possible, monsieur; au reste, puisque vous voilà, je ne suis pas fâchée de pouvoir vous dire que vous me compromettez beaucoup par votre obstination à me guetter, à vous promener sans cesse dans la rue, devant notre boutique... Cela est fort ridicule! Vous avez l'air de l'ours du Jardin des Plantes, à toujours aller et revenir dans le même cercle...Toutes ces demoiselles rient beaucoup à vos dépens! On sait bien que c'est pour moi que vous faites ces bêtises-là... Cela m'est fort désagréable; quelque jour, cela viendra aux oreilles de madame, qui est très-sévère sur le décorum; je serai grondée, et c'est vous qui en serez cause !... Croyez-vous que je doive vous en remercier ?...

— Si, depuis quelque temps, vous ne me refusiez pas sans cesse de venir promener avec moi... de me donner des rendez-vous... ou de monter me dire un petit bonjour dans ma chambre, je ne chercherais pas si souvent à vous voir... à vous parler !... Ariane, vous n'êtes plus la même avec moi... Ah ! vous ne m'aimez plus !...

— Allons, bon ! voilà les reproches, les scènes de jalousie qui vont recommencer ! Je vous ai dit pourtant que je détestais les jaloux, les gens méfiants... Et puis, je ne peux pas souffrir m'arrêter pour causer en pleine rue... on est regardé par tout le monde !... Ces Parisiens sont si badauds !....

— Eh bien ! laissez-moi vous accompagner... nous causerons en marchant.

Ariane se mordille les lèvres et fait la moue, en répondant :

— M'accompagner !... Mais cela ne se peut pas... Je porte un carton...

— Qu'est-ce que cela me fait ?

— Je vais porter des collerettes brodées chez une dame qui est très-pressée...

— Vous porterez vos collerettes, je vous attendrai à la porte.

— Cela ne serait pas convenable.

— Cela nous est déjà arrivé plusieurs fois de sortir ensemble... vous ne me faisiez pas toutes ces réflexions ! Alors, mademoiselle, dites-moi tout de suite que ma compagnie vous ennuie, que vous voulez rompre avec moi ?... Cela vaudra mieux que de me torturer comme vous le faites !... Soyez franche, je saurai du moins à quoi m'en tenir.

Mais la franchise n'est pas la vertu habituelle des femmes, dont le plus grand plaisir est d'avoir toujours quelque chose à cacher; et puis, la coquette Ariane n'était pas de ces femmes qui jettent le manche après la cognée; elle préférait tromper cinq ou six amants, à rompre entièrement avec un seul; elle calculait, et ne voulait pas se trouver au dépourvu. Enfin Adhémar faisait de très-jolis cadeaux, c'était donc un garçon à ménager; et il était si facile de le tromper! il ne fallait pour cela que lui adresser quelques bonnes paroles et un doux regard. Elle se décide donc à prendre un air plus aimable, à sourire même, en répondant :

— En vérité, vous êtes terrible !... vous vous fâchez tout de suite, vous ne voulez pas entendre la raison... Mais enfin, si cela vous fait tant de plaisir, eh bien ! accompagnez-moi.

— Ah ! chère Ariane, que vous êtes gentille !...

Tenez, vous m'ôtez un poids de dessus la poitrine.

— Mais où est donc votre chapeau?

— Mon chapeau?... Ah! j'ai oublié de le prendre!... J'étais si pressé de vous rejoindre... Mais qu'est-ce que cela fait?... je m'en passerai.

— Par exemple! venir avec moi sans chapeau!... De quoi cela aurait-il l'air?

— J'aurai l'air d'un voisin.

— Et je vais très-loin, sur le boulevard... Je ne veux pas aller avec quelqu'un qui est sans chapeau.

— Eh bien! je vais chercher le mien... Oh! je ne serai pas longtemps... deux minutes, et je vous rejoins!... Attendez-moi... près du square...

Adhémar quitte Ariane en courant; mais, au lieu d'aller vers le square Saint-Jacques, celle-ci prend un autre chemin et s'éloigne en se disant :

— Le plus souvent que je l'attendrai!... Et M. Pipeaux qui m'a donné rendez-vous au Luxembourg!... Dépêchons-nous. Je dirai à Adhémar que mon oncle a passé et m'a emmenée... Tant pis pour lui! pourquoi sort-il sans chapeau!

Adhémar a été un peu plus de temps qu'il ne voulait, parce qu'il ne trouve pas son chapeau à sa place. Il crie, tempête, et demande aux autres commis si l'on s'est permis de lui faire la mauvaise plaisanterie de lui cacher son chapeau.

— C'est le patron qui l'a pris, répond l'un d'eux, probablement pour vous empêcher d'être si souvent dehors.

— Ah! le patron croit qu'il me retiendra prisonnier ici!... Je lui ferai voir le contraire.

Et, s'emparant du premier chapeau qui lui tombe sous la main, Adhémar se sauve, sans écouter les réclamations du propriétaire, qui lui crie :

— Adhémar, il ne vous ira pas! J'ai la tête plus petite que vous... Rendez-moi mon chapeau; vous allez me l'abîmer!

Notre amoureux n'écoute rien. Il est déjà dans la rue, puis devant le square, où il a dit à sa maîtresse de l'attendre. Mais il cherche en vain de tous côtés, il entre même dans le jardin, le parcourt en tous sens, puis en sort, cherche, regarde au loin : point d'Ariane. Alors le malheureux amant est désolé, et dans sa colère donne un grand coup de poing sur le chapeau, qui refuse toujours d'entrer sur sa tête, en murmurant :

— Elle est partie!... elle ne m'a pas attendu!... Je n'ai pas été longtemps, cependant. Et elle avait vu quel plaisir cela me faisait de l'accompagner!... Ah! décidément, Ariane ne m'aime plus. Elle connaît ce grand Pipeaux peut-être... Mais je veux acquérir la preuve de sa trahison!... Je ne veux plus

être sa dupe ! J'ai été un imbécile tout à l'heure...
je pouvais la suivre, elle ne s'en doutait pas... Peut-
être alors aurais-je découvert quelque chose !... Mais
je n'ai pas été maître de moi... je n'ai pu résister au
désir de lui parler... Il faut que je sois plus adroit
une autre fois...

Adhémar, ne sachant de quel côté porter ses pas,
se décide à rentrer à son magasin. Il rend le chapeau
à son camarade, et celui-ci, en le regardant, s'écrie :

— Là ! j'en étais sûr ! il lui a donné un renfonce-
ment !

XIII

UN VILAIN MARI.

Huit jours se sont écoulés. Madame Mondorcet les a employés à parcourir Paris, demandant, s'informant partout, abordant quelquefois des étrangers dont la taille, la tournure, lui rappelaient son époux; car sa vue, très-affaiblie, ne lui permettait pas de bien distinguer ses traits, et partout elle espérait voir son mari. Elle s'exposait à de fréquentes rebuffades, à des réponses peu polies quelquefois; car les passants ne sont pas toujours aimables, et il y a des gens qui ne comprennent pas qu'une réponse obligeante est aussitôt dite qu'une grossièreté. Lorsque c'est une femme qui nous questionne, ce serait cependant plus naturel de ne point la rudoyer; mais il y a des personnes dont le naturel est d'être toujours revêche, brutal, et d'autres qui sont trop pressées pour vous écouter.

La pauvre dame revenait à sa demeure, exténuée de fatigue, et le chagrin ajoutait à son manque de force, car il amenait le découragement. Heureusement, elle avait trouvé quelqu'un qui veillait sur elle, qui avait grand soin que rien ne lui manquât dans la modeste chambre qu'elle occupait. Alexis avait acheté pour sa mère du linge et tout ce dont il savait qu'elle pouvait avoir besoin. Ses petites économies y avaient passé; mais combien alors il se félicitait d'avoir pu amasser quelque argent, puisque cela le mettait à même de secourir sa mère !

Tous les soirs, Alexis venait visiter madame Mondorcet, s'informer si elle n'avait besoin de rien ou si elle n'avait pas quelques commissions à lui donner. Celle-ci ne savait comment lui exprimer la reconnaissance que lui inspirait sa conduite à son égard. Elle ne cesse pas de lui dire :

— Je vous dois tout, monsieur, et je crains bien de ne pouvoir jamais m'acquitter envers vous !

A cela, Alexis répond en pressant tendrement la main de sa mère; puis il lui dit :

— Le moyen de me payer du peu que je fais pour vous, c'est de moins vous tourmenter, de ne pas vous fatiguer à parcourir sans cesse cette ville, où il est si difficile de trouver ceux qui se cachent. Vous vous rendrez malade !... Vous usez le peu de force qui vous reste à faire des démarches inutiles... De grâce, ménagez votre santé.

— Mais, mon ami, il faut pourtant bien que je retrouve mon mari...

— Eh ! mon Dieu ! madame, pouvez-vous encore désirer de vivre avec cet homme, qui vous a ruinée, abandonnée !... qui vous a laissée sans ressources, après vous avoir dépouillée de toute votre fortune ?

— Je n'ai pas la preuve qu'il veuille m'abandonner... Il peut aussi avoir éprouvé des malheurs... Il était joueur, c'est vrai ; mais s'il a tout perdu, il n'ose peut-être plus reparaître devant moi !... Et pourtant je serais capable de lui pardonner encore.

Alexis ne dit plus rien ; il plaint l'aveuglement de sa mère, qui cherche à excuser la conduite de son mari ; mais il ne veut pas augmenter sa douleur en lui disant tout ce qu'il sait sur ce monsieur.

Un jour, après avoir longtemps marché dans Paris, et sans avoir été plus heureuse dans ses recherches, madame Mondorcet est entrée vers les cinq heures du soir dans le Palais-Royal ; elle en traverse le jardin ; mais alors elle se sent tellement fatiguée, qu'elle se décide à s'asseoir un moment sur une des chaises placées là pour la commodité des promeneurs.

Le temps était beau, quoiqu'un peu froid, car on approchait du mois d'octobre. Cependant, plusieurs personnes étaient assises dans le jardin; quelques dames avec des enfants, mais en plus grand nombre des cocottes fort élégantes et qui attendaient là quelques adorateurs, qui probablement devaient leur offrir à dîner.

Madame Mondorcet s'est éloignée de ces groupes bruyants; elle reste quelque temps isolée. Tout à coup, deux jeunes femmes élégantes, mais à la tournure leste et évaporée, viennent se camper sur des chaises presque tout contre elle ; et comme ces dames ont l'habitude de parler très-haut, leur état étant de chercher à se faire remarquer, par tous les moyens possibles, madame Mondorcet entend bientôt la conversation suivante :

— Ah ! ma foi, tant pis ! je m'assieds... Assez de promenade !... Est-ce que Clarisse compte nous faire poser comme ça longtemps ?...

— Mon Dieu, Tubéreuse, tu es trop peu patiente... il n'est encore que cinq heures et quart. .

— Oui, et le pouce... et le rendez-vous était pour cinq heures ?...

— Quand on dit cinq heures, c'est pour six...

— Alors il n'y a plus de raison pour que cela finisse... C'est comme à un dîner : quand il y a pour quatre, il y a pour cinq, et ainsi de suite ! On ne sait pas où cela pourrait s'arrêter !... Moi, vois-tu, Mouillette, je n'aime pas que l'on me fasse droguer !... Je me suis brouillée avec mon Anglais parce que, quand il devait venir me chercher pour dîner à six heures, il n'arrivait souvent qu'à huit... et j'avais l'estomac dans les talons... Ça me rendait malade ! Je lui ai dit : « Milord, vous me ferez avoir une gastrite... Merci, ma santé avant tout !... Votre amour manque d'appétit ! »

— Que tu es bête !... moi, j'aurais dîné avant qu'il ne vînt me chercher, et je ne le lui aurais pas dit, à ce milord !

— Oui, mais il m'aurait emmenée dîner tout de même, et si je n'avais pas mangé avec lui il se serait mis en colère...

— Eh bien ! on dîne deux fois, le grand malheur ! ça vaut mieux que de ne pas dîner du tout. Aujourd'hui, j'espère bien me régaler... et il y a longtemps que cela ne m'est arrivé !... Voilà trois semaines que je suis séparée de mon Arthur... que j'ai rompu avec lui !

— Pourquoi avez-vous rompu ?

— Il commençait à être dégommé... En sortant du Vaudeville, il refusa de me payer une glace au café Napolitain!... J'ai trouvé cela par trop pleutre!... Depuis, je suis veuve!... Les hommes dégénèrent... Ah! Dieu! j'ai entendu parler d'un *Hercule* et d'un *Thésée* qui faisaient tant de choses...

— Tu crois cela, toi? Mais, ma pauvre Mouillette, c'est pas de l'histoire, c'est de la fable...

— Alors je voudrais être née au temps de la fable... Enfin, c'est Clarisse qui nous traite aujourd'hui, et quand elle s'y met elle fait bien les choses...

— Quand elle s'y met! Tu es bonne enfant! ne crois-tu pas que c'est elle qui va payer le dîner?... C'est son monsieur... c'est lui qui l'a chargée de nous inviter.

— Bah!... Et le connais-tu, toi, ce monsieur si galant?...

— Un peu... Je l'ai vu deux ou trois fois avec Clarisse... Entre nous, il m'a fait de l'œil; et voilà pourquoi il a dit à Clarisse de nous inviter...

— Ah! elle est bien bonne, celle-là!... Clarisse tire les marrons du feu!... Quelle espèce d'homme est-ce?

— Hum! un viveur... un blagueur... Entre nous,

je n'aurais pas grande confiance dans ce M. Mondorcet !...

— Ah ! il s'appelle Mondorcet !... Qu'est-ce qu'il fait ?

— Il joue, il s'amuse, il court les belles... Je crois que voilà sa seule occupation.

— Alors il faut qu'il ait le sac !...

— Ah ! voilà Clarisse, enfin !...

En entendant prononcer le nom de son mari, on doit comprendre avec quelle attention madame Mondorcet écoute ses voisines, et si elle cherche à ne pas perdre un seul mot de ce qui va suivre.

Une grande et jolie femme vient s'asseoir à côté de mesdemoiselles Tubéreuse et Mouillette...

— Bonjour, mesdames !

— Ah ! te voilà, enfin !... Sais-tu que tu nous fais poser !... C'est comme ça que tu viens à cinq heures ?...

— Ce n'est pas ma faute... J'attendais mon chapeau ; ma marchande de modes n'arrivait pas... Il est gentil, hein ?

— Oui, la fleur est assez bien posée...

— Quelle est cette fleur-là ?...

— C'est une anémone, ma chère... Elle d'une finesse extrême...

— Combien te coûte ton chapeau ?

— Quatre-vingts francs.

— Bigre ! c'est salé !

— Ma chère, la fleur seule en vaut quarante... Et puis, ça vient d'une bonne maison : cela se voit tout de suite !...

— Tu es venue seule ? Et ton monsieur ?

— Il va venir nous retrouver.

— Où nous mène-t-il diner ?

— Mon Dieu ! où nous voudrons. C'est à nous de dire où nous désirons aller...

— Il faut choisir le meilleur restaurant...

— Soyez tranquilles, mesdames, Mondorcet fait bien les choses : il connaît les bons endroits...

— Il est donc riche, ton Mondorcet ? J'avoue que je le croyais un peu pané...

— Ma chère, il a des hauts et des bas, comme cela arrive souvent aux joueurs. Il y a quelque temps, en effet, il était très-embarrassé ; mais un ami lui a prêté une vingtaine de louis, avec lesquels il a gagné plus de 30,000 francs au baccara ; une banque superbe, une veine à tout casser !... Oh ! la fortune est charmante, quand elle se met à nous favoriser...

— Et vous êtes en train de manger les trente mille francs ?

— Comme tu dis !...

— Est-il marié, ton M. Mondorcet ?

— Je n'en sais rien, et cela m'est bien égal... En tout cas, il vit comme s'il ne l'était pas ! Il habitait Bordeaux...

— Alors il y aura laissé sa femme, s'il en a une.

— Sa femme fait peut-être, de son côté, comme son mari...

— Ma foi ! elle aurait bien raison...

— Ah ! voilà Mondorcet !

Le *monsieur* de mademoiselle Clarisse, qui est bien le Mondorcet que nous avons vu en affaires avec Moulard, arrive pimpant, élégant, parfumé; les traits toujours fatigués, flétris, mais souriant, se dandinant, et va saluer les dames le plus gracieusement qu'il lui est possible, en murmurant :

— Me voici, mes toutes belles... L'Amour vient retrouver les Grâces... Je suis peut-être un Amour un peu mûr ; mais, pour les Grâces, je réponds qu'elles ne sont pas plus séduisantes que vous !

— Ah ! charmant !... divin...

— On n'est pas plus galant !

L'épouse de ce monsieur était placée derrière les trois cocottes, et se tenait de façon à ce qu'on ne pût pas voir son visage. D'ailleurs, Mondorcet n'avait pas fait la moindre attention à cette dame, assise à quelques pas, et dont la mise offrait un grand contraste avec celle de ses voisines. Mais madame

Mondorcet, qui a sur-le-champ reconnu la voix de son mari, éprouve une vive commotion, et ce n'est pas sans peine qu'elle est assez maîtresse d'elle-même pour continuer d'écouter.

— Mondorcet, quand vous êtes arrivé, nous discutions avec ces dames pour savoir où nous irions dîner...

— Choisissez, mes Andalouses ; moi, vous savez que je suis tout à votre disposition ! Je vous mènerai où vous voudrez. Nous avons une délicieuse calèche, un huit-ressorts qui nous attend devant le Théâtre-Français. Si vous désirez dîner à la campagne, nous nous y ferons conduire...

— Oh ! non, pas si bête que de dîner à la campagne ! Ça n'est jamais aussi bon qu'à Paris ; et puis, il y a une foule de choses que l'on demande et qu'ils n'ont pas...

— Clarisse a raison. Il y a quelques jours, j'étais allée en société dîner à Bougival. J'ai demandé un parfait, une croûte au madère. Pas moyen !... il a fallu se contenter d'œufs à la neige... tout ce qu'il y a de plus commun !...

— Moi, à Vincennes, j'ai demandé un poulet truffé, on nous a apporté un vieux coq bourré de hachis de saucisses ; je l'ai jeté au nez du garçon !

— Et tu as bien fait !

— Je vois avec plaisir que mademoiselle Tubéreuse a le palais délicat !

— Oui, monsieur, très-délicat... C'est comme pour les vins, je suis très-connaisseuse !... Il ne faut pas me donner du *Ruinart* pour du *Moët* ou du *Cliquot* !...

— Tu le jettes aussi au nez du garçon ?

— Non, mais je le renvoie... On sait vivre, ma chère, et on aime ce qui est bon...

— Soyez tranquilles, belles dames, vous vivrez... vous demanderez tout ce qu'il y aura de meilleur en vins, en mets, en primeurs... Tous vos goûts seront satisfaits...

— A la bonne heure! je vois que vous êtes un parfait gentilhomme... que vous tenez à plaire aux dames...

— Je m'en fais gloire !... Les femmes !... mais il n'est rien dont je ne sois capable pour obtenir d'elles un regard... un sourire... *et cætera! et cætera !*

— Oui, oui, nous comprenons ; il y a beaucoup de: *et cætera !...*

— Dans tout cela, Clarisse, nous n'avons pas encore décidé où nous voulions dîner...

— C'est vrai...

— Voyez, mesdames ; voulez-vous *Bignon, Véry* les *Provençaux*, la *Maison Dorée* ?

— Non, non. Tenez, mesdames, si vous m'en croyez, nous irons dîner chez *Le Doyen*, aux Champs Élysées. C'est très-*chic*, et l'on y est parfaitement traité...

— Elle a raison, allons chez Le Doyen...

— Alors, mesdames, si cela vous va, pendant que l'on préparera notre couvert, nous irons faire un tour au bois... et en revenant nous aurons la table que j'aurai retenue...

— C'est cela, c'est cela... un tour au bois, puis le dîner... Partons... partons !...

Les trois cocottes se lèvent et donnent un coup d'œil à leur toilette.

— Mesdames, n'avez-vous rien oublié sur les chaises, ni mouchoir, ni éventail ? demanda Mondorcet.

— Non, non... Partons...

— Mais vous, monsieur, vous oubliez votre femme! dit madame Mondorcet, en se levant tout à coup et allant se placer devant son mari.

— Sa femme !... sa femme !... s'écrient les trois amies, tandis que leur amphitryon a été tellement frappé, en voyant sa femme surgir devant lui, qu'il en reste immobile, effaré, et se croit le jouet d'un songe. Mais les trois évaporées prévoyant, à la mine des deux époux, qu'il va se passer une scène qui ne sera pas comique, se hâtent de se sauver, en se disant:

— Sa femme qui était là !...
— Quelle tuile !...
— Ah ! le pauvre homme !...

Cependant, en voyant disparaître les trois rigolettes, Mondorcet éprouve comme un accès de fureur. Sa surprise fait place à la colère, et c'est d'un ton imperieux qu'il dit à sa femme :

— Que faites-vous ici, madame ? pourquoi y êtes-vous ? que me voulez-vous ?... Qui vous a permis de venir ainsi vous présenter à moi, quand je suis en affaires ?...

— En affaires !... Ah ! je les connais, maintenant, vos affaires, vos occupations !... Monsieur va promener des courtisanes... ils les régale... il leur fera manger tout ce qu'il y a de meilleur, de plus cher !... tandis que sa femme est dénuée de tout... exposée à mourir de faim...

— Ta! ta! ta! Pas de mots, pas de phrases !... Vous savez que je ne les aime pas. Encore une fois, je vous avait défendu de venir à Paris. Je vous trouve bien hardie d'avoir bravé mes ordres...

— Si vous m'aviez envoyé de quoi vivre, monsieur, je serais peut-être restée à Bordeaux; mais rien ! rien ! plus de nouvelles depuis que j'ai fait la sottise de vous envoyer tous les papiers, tous les pouvoirs dont vous aviez besoin pour vendre mes propriétés...

— Ah! que venez-vous me rabâcher là!... Vous avez fait une bien autre sottise quand vous avez renvoyé votre fille de chez vous, en lui donnant le papier avec lequel elle pouvait toucher soixante mille francs.

— Cet argent était sa dot, que son père avait amassée pour elle et mise en dépôt chez un ami... N'auriez-vous pas voulu la manger comme ma fortune à moi?

— Peut-être!... Ça ne vous regarde pas... Je fais ce qui me plaît... Je n'ai pas de comptes à vous rendre...

— Pas de comptes!... Ah! c'est trop fort!... Mais je n'ai plus rien, monsieur!... Qu'avez-vous fait de l'argent de mes propriétés?

— Je l'ai mangé... je me suis amusé, j'ai joué, j'ai perdu, c'est un malheur... n, i, ni, n'en parlons plus.

— Quand je vous ai épousé, vous m'aviez caché vos défauts, vos vices...

— Ah! il fallait mieux prendre vos informations. Tant pis pour vous! Ce n'était pas à moi de vous dire : Prenez garde!... Je ne suis pas un petit saint!

— Mais, aujourd'hui, monsieur, vous en avez de

l'argent, puisqu'une calèche vous attend pour promener au bois les filles que vous régalez... Moi, monsieur, je n'ai plus de ressources... Sans un jeune commissionnaire qui a eu pitié de moi... qui maintenant me loge, me nourrit, il faudrait donc que votre femme demandât l'aumône pour vivre !...

— Allez trouver votre fille, qui a eu ses soixante mille francs, elle ne vous laissera pas dans la misère.

— J'ignore où est ma fille et ce qu'elle a fait depuis que j'ai été assez barbare pour la renvoyer de chez moi... Ah! je suis bien punie; mais je mérite ce qui m'arrive.

— Si vous le méritez, ne vous plaignez donc pas.

— Mondorcet! ne soyez pas injuste... ne m'abandonnez pas... songez que je suis votre femme...

— Ma femme! Ah! fichez-moi la paix !.... Qu'elle aille au diable, ma femme !... Je ne la connais plus... je lui défends de jamais se présenter devant moi !... Vous l'entendez, madame, je vous le défends !... Je n'ai plus de femme... je ne veux pas qu'on me corne ce mot aux oreilles.

— Mais, monsieur, c'est indigne, ce que vous dites là !... Vous êtes un monstre !... Je suis votre femme, et si j'invoque la loi...

— Ah! c'est comme cela !... Taisez-vous, croyez-moi !... Et si vous vous permettez encore de me parler, de me faire une algarade dans la rue... je vous donnerai de ma botte quelque part... Vous entendez... Ne vous y exposez pas!...

En achevant ces mots, Mondorcet lance à sa femme un regard furibond, accompagné d'un geste avec son pied; puis il s'éloigne à grands pas, par le côté que les dames ont suivi.

L'épouse de ce monsieur retombe sur une chaise presque sans connaissance, et tâche, avec son mouchoir, de cacher ses larmes, d'étouffer ses sanglots.

XIV

TOUT A LA FOIS.

Après l'entretien qu'elle vient d'avoir avec son mari, la malheureuse femme est restée longtemps sur la chaise, dans le Palais-Royal; puis enfin elle tâche de rassembler ses forces et parvient à se remettre en marche et à gagner son hôtel; mais, arrivée là, il faut qu'un garçon de la maison la soutienne pour l'aider à monter à sa chambre. Elle est accablée, anéantie; elle se jette sur son lit, une fièvre brûlante se déclare; elle n'a plus même la force de parler.

Lorsqu'Alexis rentre le soir, on lui apprend que la dame qu'il connaît est bien malade, qu'elle a une forte fièvre et ne veut rien prendre ni voir aucun médecin. Alexis se hâte de monter, de pénétrer chez sa mère. Il lui demande où elle souffre, ce qui a causé le mal qui lui a pris si subitement.

Mais madame Mondorcet ne veut pas avouer de quelle manière elle a été traitée par son mari ; elle se contente de secouer la tête, en murmurant :

— Ne m'interrogez pas, mon ami, et croyez-moi, laissez-moi mourir... Cessez de vous occuper de quelqu'un qui vous est à charge... Je vous le répète, mourir, c'est maintenant le seul remède à mes maux... Abandonnez-moi...

— Que je vous abandonne ! que je vous laisse mourir !... Oh ! jamais !... Je veux que vous reveniez à la santé... Votre chagrin passera... vous serez encore heureuse...

— C'est impossible !

— Cette fièvre, c'est la fatigue qui vous l'a donnée. Je vous avais bien dit que vous abusiez de vos forces. Je vais faire venir un médecin.

— Je vous le défends... Un médecin ne peut rien à mon mal, il ne peut me guérir la peine qui me tue...

— Je vais consulter le pharmacien dont je fais les commissions ; il est très-instruit, il me dira quelle tisane vous devez prendre.

— Je ne veux rien prendre.

— Oh ! si, si ! il faudra bien que vous me cédiez, je vous en prierai tant !... Vous ne voudrez pas me faire aussi du chagrin ; à moi ? Et si vous ne consentez pas à vous soigner, je tomberai malade comme vous.

— Bon jeune homme !... pourquoi donc trouvé-je chez vous tant d'amitié, quand ceux qui devraient m'aimer, me protéger, ne me témoignent que de l'aversion ?

Alexis ne répond pas à sa mère, il la quitte vivement pour courir chez le pharmacien : là, il se fait donner une potion, indiquer la tisane qu'il faut faire boire à la malade ; puis il revient s'établir près du lit de madame Mondorcet. Il y veillera toute la nuit, et s'il ne peut lui donner toute la journée, parce qu'il faut bien qu'il travaille pour gagner quelque chose, du moins il sait qu'elle ne manquera pas de soins, car il promet aux gens de l'hôtel de récompenser les services qu'ils rendront à la pauvre malade.

Pour subvenir à tout, pour avoir de quoi acheter ce que l'on doit faire prendre à sa mère, Alexis se prive de tout ; il ne mange que du pain, ne boit que de l'eau ; mais cela ne lui coûte pas, il se trouvera encore heureux s'il peut parvenir à rendre la santé à sa mère.

Trois jours se sont écoulés. Madame Mondorcet a toujours la fièvre et garde le lit. Alexis a grand soin qu'elle ne manque de rien. Dans la journée, il faut bien qu'il fasse des commissions ; cependant souvent encore, lorsqu'il a un moment libre, il court à sa demeure et va voir sa malade ; il revient plus tranquille à sa place, quand il l'a trouvée un peu plus calme.

Mais depuis ces trois jours il n'a pas aperçu Adhémar ; il s'en étonne et craint qu'il n'ait découvert la perfidie de sa maîtresse, lorsqu'en se rendant à sa place, vers sept heures du matin, il aperçoit le jeune commis qui est arrêté et semble attendre quelqu'un près du théâtre du Châtelet.

Adhémar est pâle, ses traits sont contractés.

— Monsieur a-t-il besoin de moi? dit Alexis en l'abordant.

— Ah! te voilà!... Depuis trois jours, je t'ai cherché en vain, répond Adhémar d'un air irrité ; on ne te trouve plus quand on a besoin de toi..

— Ah! monsieur... ce n'est pas ma faute... J'avais une personne malade à soigner...

— C'est bon... laisse-moi !

— Vous n'avez donc plus besoin de moi, maintenant?

— Non... j'ai mieux vu par moi-même. Tu ne voyais rien, toi, ou tu ne me disais pas ce que tu voyais... Ariane me trompait... elle parlait à ce Pipeau..,

— Mais, monsieur.... êtes-vous sûr?...

— Oui... oui... D'ailleurs, je vais avoir la certitude... Je sais qu'elle n'a pas couché chez elle... Il faudra bien qu'elle rentre... Va-t'en... je n'ai plus besoin de toi..

— Pourtant, monsieur...

— Va-t'en ! te dis-je... tu me gênes...

— Mon Dieu ! comme il m'a parlé durement !... se dit le petit commissionnaire en s'éloignant le cœur gros. Mais il sait qu'elle lui est infidèle, et il doit avoir tant de chagrin !... Ah? je tremble... que va-t-il se passer?...

Alexis, après avoir fait quelques pas, s'arrête et se tient contre un arbre, afin de ne pas perdre de vue celui qui vient de le renvoyer si brusquement.

Dix minutes s'écoulent. Adhémar se tient toujours près du théâtre, et Alexis derrière l'arbre qui le dérobe à ses regards. Une voiture arrive par le quai. C'est un joli coupé, semblable à celui duquel Alexis a déjà vu descendre Ariane. La voiture vient contre le théâtre du Châtelet. Adhémar est un peu à l'écart. Le coupé s'arrête, et la jolie blonde va en descendre ; mais à peine la portière est-elle ouverte, qu'elle pousse un cri et rentre dans la voiture, en disant :

— Il est là !... dites au cocher de repartir...

— Comment !... quoi ?... pourquoi ?... dit à son tour M. Anatole Pipeau, qui semblait avoir plus envie de dormir que de remmener sa maîtresse. Qui vous empêche de descendre, ma déesse? Vous m'avez dit qu'il faudrait faire arrêter sur cette place.

— Vous ne comprenez donc pas?... Il est là qui guette...

— Qui cela?

— Adhémar !

— Je m'en fiche pas mal!...

— Mais, moi, je ne m'en fiche pas... Ce jeune homme est très-jaloux... très-violent... il me ferait une scène dans la rue.

— Vous l'enverrez promener !

— Cocher!... cocher!... fouettez vos chevaux... En route!...

— En route?... et pour quel endroit, s'il vous plaît, ma petite dame?

— Où vous voudrez... mais partez!...

— Où je voudrai?... Je ne connais que le cabaret des *Vieux Lapins*, où je voudrais être déjà.

— Ça m'est égal, menez-nous aux *Vieux Lapins*... mais ne restez pas ici.

— Ah! permettez, tendre amie, je ne veux pas aller aux *Vieux Lapins*, moi!... Cocher, retournons chez moi, rue du Helder.

Le cocher s'apprête à fouetter ses chevaux ; mais cette discussion avait pris du temps, et Adhémar, qui a remarqué cette voiture s'arrêtant sur la place, et dont la portière s'est ouverte, sans que personne en soit descendu, conçoit des soupçons, s'approche doucement et peut regarder dans l'intérieur du coupé avant qu'il ne parte. Alors, ouvrant la portière avec violence, il crie au cocher :

— Arrêtez !... J'ai à parler aux personnes qui sont là-dedans...

Ariane pousse un cri et se rejette dans le fond de la voiture ; mais le grand Pipeau veut refermer la portière, en disant :

— Qu'est-ce que c'est ?... Je ne connais pas cet homme... Lâchez notre portière !... Allons, cocher, partez !

— Non, il ne partira pas, je le lui défends,.. Et s'il fouette ses chevaux, je tire sur eux avec ce revolver...

A l'aspect du pistolet qu'Adhémar vient de sortir de sa poche, le cocher lâche ses guides et descend de son siége, en disant :

— Oh ! je n'en suis plus, alors... Arrangez-vous... disputez-vous... Mais faudra me payer mon heure tout de même...

— Encore une fois, monsieur, à qui en avez-vous ? reprend Anatole Pipeau, je vous répète que je ne vous connais pas...

— Vraiment!... Eh bien, je me nomme Adhémar Derneuil...

— Qu'est-ce que cela me fait?

— Et je suis l'amant de mademoiselle...

— Eh bien, moi, je me nomme Anatole Pipeau, et je suis aussi l'amant de mademoiselle; êtes-vous content?

— Descendez, perfide! je ne veux pas que vous alliez avec monsieur.

— Ah! elle est bonne, celle-là!... Vous le lui défendez!... et moi, je lui défends de vous suivre!...

Ariane, qui, depuis l'arrivée d'Adhémar, s'était blottie au fond de la voiture, où elle se mordait les lèvres de colère, se glisse tout à coup par la portière passe comme une couleuvre et s'enfuit en disant:

— Vous m'ennuyez tous les deux!... Arrangez-vous comme vous voudrez... mais laissez-moi tranquille...

Elle a déjà disparu aux yeux des deux rivaux, que ceux-ci la cherchent encore des yeux. Cependant Adhémar s'apprête à la suivre, en disant:

— Vous voyez bien, monsieur, qu'elle ne veut pas rester avec vous, et que c'est à moi qu'elle obéit.

Mais le grand Pipeau retient Adhémar par le bras, après avoir sauté en bas du coupé. Il est blême de colère et s'écrie :

— Vous croyez donc que vous viendrez m'enlever ma maîtresse?... Que vous arrêterez ma voiture et que cela se passera ainsi?...

— Ariane était ma maîtresse avant d'être la vôtre... C'est donc moi, et non pas vous, qui aurais le droit de me plaindre...

— Ah! vous avez cru qu'elle vous serait fidèle! Ah! ah! ah! faut-il que vous soyez bête!...

Le mot bête n'a pas été plutôt lâché que celui qui l'a prononcé reçoit d'Adhémar un soufflet si bien appliqué qu'il en perd l'équilibre. Furieux, le grand Pipeau s'apprête à boxer avec son rival, mais Alexis a déjà couru se mettre entre eux, et bientôt quelques passants viennent se joindre au petit commissionnaire pour empêcher ces messieurs de se battre.

— Au fait, dit Anatole Pipeau, ce n'est pas à coups de poings que je veux me battre... c'est votre sang qu'il me faut pour laver votre insulte... Et si vous n'êtes point un lâche, vous me rendrez raison l'épée à la main...

— Je ne demande pas mieux... tout de suite si vous voulez...

— Oh! non pas... je suis fatigué de ma nuit et j'ai besoin de dormir... demain matin... à huit heures, à la porte de Saint-Mandé... J'aurai deux témoins... ayez les vôtres... Voilà ma carte... donnez-moi la vôtre... Je suis l'offensé, j'ai le choix des armes. Je choisis l'épée...

— Tout ce que vous voudrez...

— Il est inutile que vos témoins viennent chez moi... je vous préviens que je n'accepte ni arrangement ni excuses...

— Soyez tranquille! je n'ai pas envie de vous en faire!...

— Avec moi un duel est sérieux... à demain...

— Oh! je ne vous ferai pas attendre.

Le bel Anatole Pipeau est remonté dans son coupé qui s'éloigne. Adhémar se sent comme soulagé depuis qu'il a la certitude de se battre avec celui qui lui a enlevé sa maîtresse, mais, en se retournant pour rentrer à sa demeure, il est tout surpris de voir devant lui Alexis, dont le visage est baigné de larmes.

— Eh bien, qu'as-tu donc, lui dit-il, et pourquoi pleurer ainsi ?...

— Ah! monsieur... vous me le demandez!... et vous allez vous battre!...

— Ah! tu as entendu!... Oui, je vais me battre contre ce jeune homme que je déteste, et j'en suis enchanté!...

— Avoir un duel... et pour une femme qui vous trompait! Est-ce qu'elle vaut la peine que vous exposiez vos jours pour elle!...

— Oh! non! je conviens qu'elle n'en vaut pas la peine... Et la manière dont elle est partie tout à l'heure... Quelle effronterie!... C'est indigne... Pas un mot de repentir... de pitié!... Rien! rien!

— Eh bien, monsieur, puisque vous convenez que cette demoiselle ne mérite pas que l'on se batte pour elle, pourquoi ce duel?...

— Parce que j'exècre ce grand gandin... Et d'ailleurs je lui ai donné un soufflet et je lui dois une réparation...

— Mais si vous étiez tué, monsieur... c'est toujours cette Ariane qui en serait cause!...

— Oh! si je suis tué! ce ne sera pas un grand malheur... Qu'ai-je à regretter? Personne ne m'aime ici-bas!...

— Personne ne vous aime!... ne croyez pas cela, monsieur... et parce qu'une femme vous a été infidèle, il ne faut pas vous figurer que d'autres ne vous aimeront pas... On vous aime, monsieur, on vous aimera beaucoup... j'en suis sûr, moi...

— Ah! oui, il y a Moulard qui a vraiment de l'amitié pour moi... Je le crois... mais il a d'autres amis... on m'oubliera vite...

- Et moi, monsieur, ah! moi, c'est que je suis bien peu de chose pour vous... mais s'il vous arrivait malheur, je ne m'en consolerais jamais.

— Mon pauvre Alexis... tu es un bon petit garçon... Je suis touché de l'attachement que tu me témoignes... je voudrais pouvoir le reconnaître...

— Eh bien, ne vous battez pas... Ce sera ma plus belle récompense!

— Cela est impossible, mon ami, les lois de l'honneur s'y opposent... Laisse-moi, je vais trouver Moulard.

Adhémar quitte Alexis, et celui-ci tâche d'essuyer les larmes qui inondent son visage, tout en se disant :

— Il se battra... et s'il était tué.. je ne puis supporter cette idée... Mon Dieu! je ne croyais pas l'aimer tant que cela!... Il faut donc que tous les malheurs m'accablent à la fois!... Et ma mère qui est toujours en proie à la fièvre... qui croit que tout le monde l'abandonne et à qui je n'ose pas dire : C'est votre fille qui vous soigne, qui est près de vous!... Cruelle situation!... mais si je me faisais connaître, ce serait lui apprendre que pour vivre j'ai dû me mettre au coin de la rue et me faire commissionnaire... Elle ne se pardonnerait pas alors de m'avoir exilé de sa maison. Ah! ce serait lui donner le coup de la mort!... Il faut donc que je me prive même du plaisir de l'appeler ma mère.

XV

DÉVOUEMENT D'ALEXIS.

En quittant Alexis, Adhémar se rend sur-le-champ à l'étude du notaire; Moulard y arrivait; en voyant son ami il s'écrie :

— Bigre! nous sommes en courses de bon matin. Est-ce que tu viens m'inviter à déjeûner?... J'accepte!

— Non, mon cher Moulard, ce n'est pas pour cela que je suis venu... Cependant, demain j'espère que nous déjeûnerons ensemble... quand l'affaire sera terminée...

— Demain? Pourquoi pas aujourd'hui?

— Moulard, demain matin à huit heures je me bats en duel...

— Oh! oh!... Et pourquoi ou plutôt pour qui ce duel? J'espère bien que ce n'est pas pour une femme.

— Si, mon ami, c'est justement pour une femme.

— Que le diable t'emporte! Et pour ta blonde Ariane, peut-être?...

— C'est elle qui en est cause, en effet.

— Mais, mon pauvre Adhémar, tu n'as pas le sens commun... Ton Ariane est une rouée, une coquette. Non, je ferai mieux de dire une coquine, ce sera plus juste... Depuis longtemps elle te trompe ; je savais cela par ma grêlée. Rosinette m'a dit souvent : « Votre ami Adhémar se laisse joliment dindonner, pardon du mot, mais c'est le texte... il se laisse dindonner par cette farceuse d'Ariane, qui va avec un grand blond, qui a un panier pour cabriolet. » Moi, je né te l'ai pas dit... tu étais heureux... je ne voulais pas te désillusionner... je sais que le bonheur ne se compose en général que d'illusions...

— Eh bien, mon ami, je sais tout maintenant... J'ai vu Ariane... Je l'ai surprise, revenant en voiture avec cet Anatole Pipeau... dont voici la carte.

— Laisse donc la demoiselle jouer du Pipeau tant qu'elle voudra... et ne t'occupe plus d'elle. J'espère que tu n'as pas envie de la reprendre au Pipeau.

— Oh! non, je le jure... mais cela n'empêche

pas que je dois me battre avec son nouvel amant, auquel je me suis fait le plaisir de donner un soufflet.

— Ah ! si tu as donné un soufflet, c'est différent, il n'y a plus d'arrangement à proposer. Je suis tout à ta disposition comme témoin... mais il en faut deux. As-tu fait choix d'un autre ?

— Ma foi non, je n'y ai pas encore pensé, je ne veux pas prendre un jeune homme de chez nous, car je voudrais que le patron ne fût pas instruit de cette affaire.

— Veux-tu que j'amène avec moi Duvallois, un bon garçon que tu as vu quelquefois avec moi au café ? Il a été militaire ; il sait comment tout cela s'organise.

— Volontiers, amène Duvallois, et ayez des épées, car je n'en ai pas... et nous nous battrons à l'épée, c'est convenu.

— Sais-tu tirer l'épée, au moins ?

— Un petit peu, pas beaucoup, mais ça m'est égal !

— Ah ! mon Dieu !... Et tu vas te laisser embrocher parce qu'une cateau s'est donnée à un autre... et quand je dis à un autre, je suis bien honnête !... c'est à une douzaine, peut-être, que cette dame a prodigué ses faveurs !... Ah ! que les hommes sont bêtes!... Enfin, puisqu'il est écrit là-haut, dans un livre qui doit être bien volumineux, que le sexe masculin sera toujours dupé par le féminin, laissons aller les choses !... et souffrons ce que nous n'avons pas le pouvoir d'empêcher. Et tu te bats demain matin ?

— Oui, mon ami, le rendez-vous est pour huit heures à la porte de Saint-Mandé.

— Très-bien ! A sept heures nous serons chez toi, Duvallois et moi.

— Merci, mon cher Moulard, je vous attendrai.

— D'ici-là, Adhémar, si tu m'en crois, vas à une salle d'armes prendre quelques leçons d'un professeur...

— Ce n'est pas la peine !... il n'arrive que ce qu'il doit arriver !...

— Superbe maxime, et avec laquelle on se laisse toujours enfoncer!

Adhémar a quitté l'étude du notaire, il se rend à son magasin et tâche, en se livrant au travail, de se distraire de ses préoccupations ; mais il n'est pas facile de commander à son cœur et à la raison. Le premier avait été cruellement blessé par la conduite honteuse de cette femme qu'il avait tendrement aimée et dont il avait cru posséder l'amour; on ne renonce pas sans peine à ses illusions, à tous ces rêves de bonheur dont on embellit son avenir, quand on a foi dans les serments qu'on nous a faits. Cependant, l'espérance de se venger calmait parfois l'agitation du pauvre garçon, qui attend avec impatience que l'heure du combat soit arrivée.

Il y a une autre personne qui compte les heures avec la même anxiété qu'Adhémar; Alexis est en proie à l'inquiétude la plus vive, et tout en retournant soigner sa mère, qui est toujours très-malade et ne peut quitter le lit, il songe sans cesse au duel qui doit avoir lieu le lendemain matin, et il sent bien qu'il lui est impossible de l'empêcher.

Après avoir passé la nuit sans fermer les yeux, le petit commissionnaire voit enfin venir le jour. Il s'assure que sa mère n'a besoin de rien et se hâte de se rendre devant la maison où loge Adhémar. Il veut le supplier de l'emmener avec lui, il pense que si le combat lui est funeste, il pourra encore lui être utile. Assis sur l'angle d'une pierre, il attend, il compte les heures, ses regards ne perdent point de vue la porte de la demeure du jeune commis, et il est bien certain que celui-ci ne sortira pas de chez lui sans qu'il le voie.

Enfin, un peu avant sept heures, un fiacre arrive et s'arrête devant la demeure d'Adhémar. Deux messieurs en descendent : c'est Moulard et son ami

Duvallois ; ils entrent dans la maison, Alexis a reconnu Moulard, il est moins inquiet en pensant qu'il accompagnera son ami. Quelques minutes s'écoulent, puis ces messieurs reviennent accompagnés d'Adhémar. Le petit commissionnaire court au-devant de ce dernier et se jette presque à ses genoux en le suppliant de lui permettre de le suivre. Mais Adhémar, qui semble beaucoup plus calme que la veille, lui presse la main avec affection, en lui disant :

— Merci, mon ami, cela est inutile, tu vois bien que je ne suis pas seul.

— Mais vous allez vous battre, monsieur, et s'il vous fallait du secours !...

— Eh bien, moucheron ! est-ce que nous ne sommes pas là, nous autres ? dit Moulard, nous prends-tu pour des zéros et crois-tu que nous ne saurons pas faire ce qu'il faut ?... Mais qui donc lui a dit que tu avais un duel, à ce pauvre garçon, qui semble si désolé de cela ?...

— Alexis était hier présent à ma dispute avec le Pipeau ; il a pu en prévoir la suite. Allons, mon pauvre petit, calme-toi, le sort me protégera ; en tout cas, je te défends de nous suivre... entends-tu, je te le défends !... Seulement, tu peux te trouver ici à notre retour, et si l'on a besoin de tes services, tu seras appelé... Allons, messieurs, partons, ne faisons pas attendre ce beau blond ; il pourrait croire que l'on a peur de lui.

En disant ces mots le jeune homme saute dans le fiacre, ses témoins en font autant, le cocher fouette ses chevaux, et Alexis reste à la place, où il semble cloué, n'osant pas désobéir aux ordres d'Adhémar, mais se promettant bien de ne pas bouger de devant la maison avant le retour de ces messieurs.

Deux heures s'écoulent, deux heures qui semblent éternelles à la personne qui attend avec angoisse le résultat du duel qui a eu lieu. Enfin, dix minutes après, un fiacre reparaît et Alexis le reconnaît : c'est bien celui qui a emmené ces messieurs ; il s'approche, il s'arrête devant la maison. Alexis a poussé un cri, car la portière s'est ouverte et il a vu Adhémar blessé, couvert de sang et soutenu par Moulard. Duvallois est descendu le premier, il aide Moulard à transporter le blessé ; quelques habitants du voisinage viennent prêter secours à ces messieurs, car Alexis n'a plus de force, il est devenu tremblant, anéanti, il ne peut que balbutier :

— Mon Dieu ! est-ce qu'il est mort ?

— Eh non ! s'écria Moulard, mais il est blessé assez grièvement... Tiens, petit, cours à cette adresse, c'est celle du chirurgien ; va, et qu'il vienne sur-le-champ... Allons, va donc, au lieu de sangloter...

Eh mon Dieu! Adhémar n'est pas mort, il a reçu un coup d'épée, très-allongé c'est vrai, mais il en reviendra.

En transporte le blessé chez lui. Alexis, revenu de sa stupeur, court chez le chirurgien, qu'il ramène avec lui. Le docteur examine la blessure du jeune homme, secoue la tête, déclare qu'il ne peut encore répondre de rien, mais qu'il faut que quelqu'un veille continuellement près du malade, auquel il défend de parler. Adhémar, qui a repris connaissance, sourit à ses amis. Le médecin s'éloigne, après avoir laissé ses ordonnances et promis de revenir dans la soirée.

— Maintenant, dit Moulard, il faut trouver une garde pour notre ami. Alexis, te charges-tu d'en avoir une, car il faut que l'on passe la nuit près d'Adhémar?...

— Oui, monsieur, oui... soyez tranquille... je trouverai quelqu'un... on passera la nuit... Oh! on ne dormira pas.

— C'est bien... va faire faire cette potion, puis ramène la garde... Tiens, voilà de l'argent... Duvallois restera ici jusqu'à l'arrivée de la garde... Moi, il faut que j'aille faire un tour à mon étude, mais je reviendrai tantôt.

Alexis vole plutôt qu'il ne court près de sa mère; il s'assure qu'elle va mieux et peut passer la nuit sans avoir quelpu'un pour veiller près d'elle, car il a déjà son plan arrêté : c'est lui qui servira de garde à Adhémar, c'est près du jeune blessé qu'il veut veiller, maintenant qu'il a la certitude que sa mère peut se passer de lui.

Après avoir fait faire la potion prescrite par le médecin, le petit commissionnaire revient chez Adhémar, près duquel il trouve Duvallois, qui lui dit :

— Eh bien, petit, et la garde ?... tu ne nous en amènes pas ?...

— Monsieur, je n'en ai pas trouvé de libre en ce moment... mais, en attendant qu'il en vienne une, je la remplacerai, moi, monsieur, je passerai la nuit près de M. Adhémar... Oh ! je ne le quitterai pas une minute, j'aurai bien soin de lui !

— Toi ? drôle de garde que tu feras !... Tu t'endormiras au milieu de la nuit !

— Oh ! non, je vous certifie que je ne dormirai pas un seul instant...

— Soit... je vais à mes affaires... Moulard va venir, il trouvera peut-être une garde, lui ; enfin, je m'informerai aussi... et si j'en découvre, je l'envoie ici tout de suite...

Duvallois est parti. Alexis espère bien qu'il ne trouvera pas de garde, car il ne voudrait céder à personne le droit de veiller, de soigner le blessé ; le sentiment qu'il éprouve pour Adhémar, et qu'il ne cherche plus à se dissimuler, fait à présent partie de sa vie, de son bonheur; ce cœur pur et franc, qui n'avait jamais connu l'amour, n'a plus la force de combattre cette passion, qui, petit à petit, s'est emparée de lui, et vient de se déclarer plus forte encore depuis que l'objet qu'il aime est en danger.

Moulard ne tarde pas à revenir chez son ami. Il commence par gronder Alexis de n'avoir pas su trouver une garde, puis, en voyant des larmes dans les yeux du petit commissionnaire, il lui prend la tête et l'embrasse, en s'écriant :

— Allons, j'ai tort de te gronder, car tu es un bon petit garçon, bien dévoué, bien attaché à ce pauvre Adhémar, et tu auras peut-être plus soin de lui que ces gardes-malades qui ne songent qu'à leur café, à faire trempette dans du vin sucré et à mettre de la tisane dans tous les pots. Le docteur n'est pas encore revenu ?

— Non, monsieur.

— Adhémar n'a point parlé ?

— Il m'a fait signe qu'il voulait boire, je lui ai donné de sa potion.

— C'est bien, attendons.

Le médecin revient, examine la blessure, secoue la tête et dit :

— Il y a de l'espoir, mais, cependant, je ne réponds encore de rien.

Puis, il prescrit ce qu'il faut faire ; sourit d'une façon singulière en considérant Alexis pendant quelques instants et dit :

— Vous pourrez fort bien remplacer une garde ordinaire.

— Enfin! il y a l'espoir, s'écrie Moulard, lorsque le docteur est parti. Sapristi! ce serait trop malheureux si ce brave garçon mourait pour les beaux yeux de cette drôlesse, de cette farceuse, qui se moquait de lui, tandis qu'il ne songeait qu'à lui plaire ; qu'il se ruinait pour contenter les caprices de cette coquette... Ah! mon pauvre Alexis, que ceci te serve de leçon!... Les femmes, vois-tu, ne méritent pas d'être aimées sincèrement.

— Vous croyez, monsieur ?

— Et comment ne le croirais-je pas, quand je vois tous les jours des preuves de leur trahison, de leur duplicité !... Tiens, dernièrement encore, j'ai rencontré un de mes anciens amis, un homme aussi distingué par sa naissance que par son éducation et ses manières. Depuis cinq ans, il avait pour maîtresse une ouvrière que le hasard lui avait fait rencontrer ; il s'était attaché à cette femme, dont il avait cru être aimé ; pendant cinq ans il n'avait point passé un seul jour sans la voir. Il la menait au spectacle, à la promenade. Enfin, il ne s'occupait qu'à lui être agréable; qu'à lui procurer des plaisirs. Eh bien, il y a quelques jours... non, il paraît que c'était un soir... comme il se disposait, suivant son habitude, à reconduire sa maîtresse à sa demeure, celle-ci l'arrête en lui disant d'un ton aussi leste qu'insolent :

— Je ne veux plus que vous me reconduisiez, parce que cela me compromet !

« Comprends-tu cette dame, qui pendant cinq ans a été partout avec ce monsieur, et maintenant trouve qu'il la compromet et lui donne son paquet comme elle aurait pu le donner à un commissionnaire?... Mon ami est demeuré tellement interdit en entendant ce langage, qu'il n'a pu trouver un seul mot à répondre à celle qui le traitait avec autant d'impudence et de grossièreté.

— Mon cher, ai-je répondu à mon ami, tu as ce que tu mérites. Il ne faut former une liaison sérieuse qu'avec les personnes dont l'éducation est en rapport avec la nôtre. Et puis, il y a une vérité bien triste à dire, c'est que dans le monde, si vous semez des bienfaits, vous êtes certain de récolter des sottises, des impertinences et de l'ingratitude.

XVI

UNE NUIT.

Quinze jours se sont écoulés; Adhémar est sauvé, après avoir été sérieusement en danger : mais les bons soins d'Alexis ne lui ont pas manqué un seul instant et ils ont triomphé de la blessure. L'amitié de Moulard n'a pas non plus été stérile; c'est lui qui a donné de l'argent pour payer les potions lorsqu'il ne s'en est plus trouvé dans le secrétaire du malade. Car le pauvre Alexis, qui faisait beaucoup moins de commissions, depuis qu'il s'était fait garde-malade, ne gagnait plus que bien juste de quoi subvenir aux besoins de sa mère et pouvoir lui-même subsister; mais Adhémar était sauvé et le petit commissionnaire se trouvait heureux.

Cependant, l'avenir du pauvre blessé l'inquiétait. Un soir, pendant le sommeil d'Adhémar, Moulard avait dit à Alexis :

— Cette farceuse d'Ariane aura, non-seulement manqué de faire tuer mon ami, mais elle est encore cause qu'il a perdu sa place... Son patron était depuis quelque temps mécontent de son premier commis, qui, à chaque instant, quittait son bureau pour courir près de sa belle. Aujourd'hui, il a saisi l'occasion de son duel, il l'a remplacé, et ne veut plus entendre parler de lui.

— Et que va donc faire M. Adhémar, alors?

— Parbleu! il va chercher une autre place. Seulement, on est quelquefois longtemps sans en trouver... Enfin, heureusement que les amis sont toujours là, comme on le chante à l'Opéra-Comique ; et toi, petit, ne dis pas un mot de ceci à Adhémar ; ça l'inquiéterait d'avance et retarderait sa guérison.

— Ah! monsieur Moulard, vous êtes un véritable ami, vous !...

— Écoute donc, il faut bien qu'il y ait des amis véritables, puisqu'il n'y a que des maîtresses fausses.

Adhémar, voyant sans cesse Alexis près de lui, lui dit un soir :

— Mais, mon pauvre garçon, tu emploies tout ton

temps pour me soigner, me veiller... tu ne gagnes plus d'argent, alors; comment pourrai-je jamais te payer de tout ce que tu fais pour moi ?...

— Que cela ne vous inquiète pas, monsieur ; je suis payé puisque vous êtes sauvé !...

— Ah ! tu serais mon frère que tu ne me témoignerais pas plus d'attachement ! Je ne puis t'exprimer combien cela me touche... Il me semblait que personne ne pouvait plus m'aimer...

— Oh ! monsieur, c'est mal de penser cela ! et parce qu'une femme vous a trompé, ce n'est pas une raison pour vous méfier de tout le monde !... Mais !... est-ce que vous l'aimez encore, cette femme ?

— Oh ! non ! je te le jure... c'est bien fini !

— Ah ! tant mieux... Et cela ne vous reprendra pas ?

— Il n'y a point de danger... D'abord, mon ami, on ne peut plus aimer les gens que l'on méprise, et mademoiselle Ariane est tout à fait méprisable à mes yeux, non pas pour m'avoir été infidèle... Eh ! mon Dieu ! l'amour est un sentiment qui ne se commande pas; mais pour la façon insolente dont elle m'a quitté. Au reste, je n'aurai plus de ces chagrins-là ! désormais, aucune femme ne touchera mon cœur ?

— Aucune ?... ah ! qu'en savez-vous, monsieur ?

Ne pouvez-vous pas en rencontrer une qui vous aimerait réellement?

— Non, mon garçon, j'ai assez essayé comme cela!... Je dois y renoncer. Si j'étais un de ces hommes qui, comme Moulard, ne traitent l'amour qu'en riant... et il a parfaitement raison, je pourrais me dire : après cette maîtresse-là, prenons-en une autre... *In varietate voluptas!* Mais j'ai toujours eu la bêtise de m'attacher, de prendre l'amour au sérieux, et cela ne m'a jamais réussi. Vois-tu, Alexis, il y a des jeux auxquels on n'est pas heureux, et c'est folie de s'entêter à jouer un jeu qui vous est toujours contraire. C'est pourquoi je ne veux plus avoir le plus léger attachement.

Alexis baisse sa tête sur sa poitrine et n'étouffe qu'avec peine un profond soupir. Adhémar reprend au bout d'un moment :

— Tout cela, mon ami, ne doit point me faire oublier que, depuis quinze jours au moins, tu me veilles constamment. Grâce au ciel et à tes soins, je vais mieux. Le médecin m'a même dit que demain je pourrai me lever un peu. Par conséquent, il n'est donc pas nécessaire que tu passes la nuit près de moi ; et ce soir, tu vas me quitter.

— Comment, monsieur, vous me renvoyez... vous n'êtes donc plus content de moi?

— J'en suis très-content, au contraire, mais ce n'est pas une raison pour que j'abuse toujours de ton temps. Tu vas aller coucher chez toi, tu reviendras me voir demain matin.

— Oh! monsieur, je vous en prie, laissez-moi passer encore cette nuit près de vous... A mon hôtel, on ne m'attend pas... on ne pense pas que je rentrerai... encore cette nuit, monsieur, et demain, si vous l'exigez, eh bien! je retournerai à mon logis...

— Reste donc encore cette nuit... puisque cela te fait plaisir; mais au moins, je veux que tu dormes aussi!...

— Je tâcherai, monsieur.

— Tu n'as rien pour te coucher... car il n'y a pas de divan ici...

— Et le grand fauteuil là-bas?... Oh! je vous assure, monsieur, qu'on y est très-bien pour dormir...

— Tu n'as pas froid, ici?

— Froid! j'aurai plutôt trop chaud, il y a du feu toute la journée dans votre cheminée, et, ce soir, M. Moulard a mis tant de bois qu'on était rôti en approchant du feu...

— Ce pauvre Moulard... Ah! c'est encore un véritable ami... que j'ai là...

— Et vous dites qu'on ne vous aime pas!...

— Tu as raison, je suis un ingrat. Bonsoir, Alexis... Mais tu vas dormir, au moins, songe que tu me l'as promis !...

— Oui, monsieur, je vous obéirai.

— A la bonne heure... Au reste, comme je m'éveille souvent dans la nuit, je verrai bien si tu as tenu ta promesse.

— Ah ! monsieur, vous ne ressemblez pas aux autres malades, vous voulez que votre garde dorme au lieu de vous veiller !...

— Oui, mon garçon, mais toi, vois-tu, tu ne ressembles pas non plus aux autres gardes !... car depuis que je suis blessé, tu m'as montré un dévouement que l'on ne trouve jamais chez les gens salariés ! Bonsoir, bonne nuit, Alexis !

— Je tâcherai, monsieur.

Adhémar s'est retourné pour dormir ; Alexis le considère quelque temps, en se disant :

— Pourquoi veut-il que je dorme ? J'ai tant de plaisir à le regarder, surtout depuis que je sais qu'il va guérir... Cependant, il m'a fait promettre de dormir aussi... et je devrais peut-être lui obéir.

Alexis balance quelque temps ; mais le petit commissionnaire avait en effet besoin de sommeil. Depuis bien des nuits, il avait à peine goûté quelques heures de repos, et la nature, plus forte que notre volonté, nous rappelle que nous devons nous soumettre à ses lois, et que nous tenterions en vain de les braver. Alexis cède donc à la fatigue qui l'accable ; il se place dans le grand fauteuil, s'y met le mieux possible pour dormir et bientôt un profond sommeil s'empare de lui.

Il est une heure après minuit, lorsqu'Adhémar s'éveille ; il se rappelle ce qu'il a fait promettre à Alexis et se retourne, puis avance doucement la tête, pour s'assurer si sa garde lui a tenu parole.

En dormant, le petit commissionnaire avait cherché à se mettre à son aise, mais le bouton qui retenait le haut de sa veste s'était défait, celui qui venait ensuite, étant mal boutonné, s'était défait aussi. Alors une gorge bien blanche, bien ronde, et qui ne pouvait pas appartenir à un homme, se trouvait en grande partie découverte, et la chaleur de la chambre étant grande, la soi-disant garde avait ôté cette casquette, qui était constamment sur sa tête, qui cachait un beau front, des yeux bien fendus, ombragés de longs cils, et des cheveux châtains fort épais, qui maintenant retombaient en grosses boucles sur son cou.

Adhémar est demeuré saisi d'étonnement. D'un coup d'œil il a vu tout cela, car la lumière d'une lampe, qui restait allumée toute la nuit, permettait de contempler, de tout voir dans ses moindres détails. Le jeune homme ne peut en croire ses yeux; il se figure être le jouet d'un rêve. Enfin, n'y pouvant plus résister, il se lève doucement de son lit et s'approche du dormeur, ou plutôt de la dormeuse, car à présent, il n'y a plus à s'y tromper; il peut la regarder, l'examiner tout à son aise, elle dort trop profondément pour craindre d'être surpris.

— C'est une femme! se dit Adhémar. C'est une femme qui me veille si assidûment, qui me prodigue tant de soins, me montre un dévoûment si complet! Et je ne l'avais pas deviné!... Mais je ne l'avais jamais pu contempler ainsi... Le beau front... et les beaux cils... et les cheveux si bien plantés... et cette... Ah! recouchons-nous bien vite, car si elle s'éveillait et me voyait en chemise près d'elle je serais tout honteux... Alexis est une femme!... Je ne sais plus où j'en suis... mais j'éprouve un plaisir... un sentiment de bonheur... Ah! quel drôle d'effet cela me fait!...

Et Adhémar se recule, en ayant bien soin de ne pas faire de bruit; mais heureux, content, se sentant tout autre; car tel est le cœur humain. Quelques heures auparavant, il jurait de ne plus connaître l'amour, de ne plus aimer aucune femme, et le voilà maintenant qui ressent au fond du cœur une douce joie, parce qu'il se croit aimé, parce qu'une femme ne l'a pas quitté depuis qu'il a été blessé !... C'est donc bien bon de se croire aimé, puisque cela nous bouleverse ainsi? Après cela, tous les hommes ne sont pas faits de même, et il en est beaucoup qui préfèrent une truffe à un tendre baiser.

Adhémar ne peut pas se rendormir, et c'est tout naturel : l'idée qu'une jeune femme est là, près de lui, que cette femme lui a montré le plus profond attachement, était bien faite pour chasser le sommeil de ses paupières. De temps à autre, il avance un peu la tête pour s'assurer si l'on dort toujours, et voit avec plaisir que sa garde goûte enfin un profond repos.

— Pauvre petite ! elle en avait bien besoin ! se dit le jeune homme. Mais pourquoi ce déguisement? pourquoi abdiquer son sexe pour se faire commissionnaire?... Comme ceci ne me regarde pas, elle ne voudra peut-être pas me confier ses motifs... Oh ! si, elle m'accordera sa confiance... elle ne peut pas me la refuser.

Le jour vient. La soi-disant garde s'éveille, jette les yeux sur elle, se hâte de reboutonner avec soin sa large veste, et de replacer sa casquette sur sa tête. Puis elle se lève doucement et s'approche du lit pour voir si le convalescent dort. Mais Adhémar n'y tenait plus; il se retourne et sourit à celle qui est près de lui. Ce sourire avait sans doute une expression tout autre que ceux qu'il adressait quelquefois à son commissionnaire, car celui-ci en est tout troublé et balbutie :

— Ah! vous allez mieux, monsieur; je lis cela dans vos yeux! Pour toute réponse, Adhémar lui tend la main, la jeune fille y place la sienne en tremblant; mais au lieu de la lui secouer amicalement, comme cela lui arrivait quelquefois, Adhémar presse doucement cette main, qu'il retient dans la sienne lorsqu'on veut la retirer. Cette action produit une vive émotion sur celle que désormais nous ne nommerons plus que par son vrai nom : Édile. Elle rougit et cherche encore à ravoir sa main, en balbutiant :

— Il faut que je vous quitte, à présent...

— Oh! non, pas encore; je vous en prie, ne me privez pas si vite de votre présence!...

C'était la première fois qu'Adhémar ne tutoyait pas son commissionnaire, et le ton avec lequel il vient de lui parler est si différent de celui qu'il avait habituellement, que la jeune fille en est frappée et ne sait plus quelle contenance tenir. Alors, Adhémar approche de ses lèvres la main qu'il tenait dans la sienne.

Mon Dieu! que faites-vous donc? murmure Édile.

— Je baise la main de celle qui a été ma providence, qui ne m'a pas quitté depuis que je suis blessé, qui a été pour moi une mère, une sœur, et à qui je ne sais comment je pourrai prouver toute ma reconnaissance!...

— Ah! monsieur... vous avez découvert mon secret!... Vous ne voudrez plus de mes services, peut-être?... Vous me renverrez!...

— Moi, vous renvoyer!... Ah! vous me croyez donc bien ingrat!... Grâce au ciel, je n'ai point ce vilain défaut! Votre secret... je ne vous le demande pas... Vous avez sans doute eu de fortes raisons pour adopter le costume que vous portez... Peu m'importe!... Que je vous voie toujours, c'est tout ce que je désire...

— Oh! monsieur, je n'aurai pas de secret pour vous... Je veux que vous sachiez pourquoi je me suis faite commissionnaire.

En ce moment on frappe chez Adhémar. C'est Moulard, qui vient voir son ami avant de se rendre à son étude. Il remarque l'air singulier de la garde-malade et l'expression de bonheur qui brille dans les yeux du convalescent.

— Que s'est-il donc passé de nouveau ici? dit-il.

Je vous trouve à tous deux un air tout chose que je ne peux pas bien définir... Alexis baisse les yeux comme si tu l'avais grondé...

— Grondé!... Ah! Moulard, si tu savais tout ce que je lui dois... si tu savais que mon si gentil petit Alexis est une femme charmante... qui nous cachait son sexe, pour mieux nous prouver son dévouement.

— Qu'est-ce que tu me chantes?... Alexis... une emme! Allons, ce n'est pas possible... Nous aurions été bêtes à ce point-là... moi, surtout, qui me flatte de m'y connaître!... Mais voyons donc, mademoiselle... monsieur... parbleu! je ne sais plus comment dire à présent... laissez-moi vous examiner un peu...

Édile ôte sa casquette et sourit à Moulard, qui, après l'avoir examinée quelques instants, s'écrie :

— Eh oui! ces yeux... ce beau front... ces cheveux... Ma foi, je n'avais jamais passé Alexis à l'inspection...

— Est-ce que cela vous fâche que je ne sois pas un homme, monsieur Moulard?

— Et cette voix... ce n'est plus la même; l'autre était une voix de tête... mais celle-ci... oh! c'est la voix naturelle!... Moi, fâché que vous soyez une femme, chère enfant, non vraiment! Seulement, je me demande encore comment vous avez pu vous résoudre à vous faire commissionnaire... Mais ceci est votre secret, et vous n'êtes pas obligée de nous le confier.

— Quand vous êtes arrivé, monsieur Moulard, j'allais conter à M. Adhémar par quelle suite d'événements je me suis vue réduite à chercher à vivre de mon travail. Je suis bien aise que vous entendiez aussi mon histoire, que vous sachiez qui je suis ; car vous êtes mes seuls amis, et il est bien juste que vous me connaissiez. Vous devez vous rappeler, monsieur Moulard, l'émotion que j'éprouvai la première fois que je vous entendis parler de M. Mondorcet?

— Oui, oui, je me le rappelle fort bien.

— Apprenez que ce M. Mondorcet est mon beau-père. Il a épousé ma mère, qui était veuve de M. Lavergne, honnête négociant, qui l'avait rendue très-heureuse et lui avait laissé une assez jolie fortune...

— Pauvre dame ! son second mari en a fait un bel usage !... Mais cette madame Mondorcet... votre mère, vous m'avez dit, il y a quelque temps, qu'elle était venue à Paris pour y chercher son mari...

— Oui, monsieur ; mais laissez-moi continuer

mon histoire, et vous serez au fait de tout. Mon père, se sentant malade, avait eu l'idée de faire valoir l'argent qu'il destinait à ma dot. Il prit donc sur sa fortune soixante mille francs, et les remit à un homme en qui il avait toute confiance... C'était M. Chatrogné...

— Ah! bigre!... voilà de l'argent bien en danger...

— Mon père se fit donner par ce Chatrogné une reconnaissance de soixante mille francs, avec engagement de me les rendre à ma première réquisition. Mon père mourut. M. Chatrogné quitta Bordeaux pour venir s'établir à Paris, et après trois ans de veuvage, ma mère se remaria à M. Mondorcet. J'avais alors près de quinze ans, mais j'étais grande, forte, telle que je suis maintenant. J'eus le malheur de plaire à mon beau-père, qui ne craignit pas de me le dire. Vous devez comprendre avec quelle indignation je reçus ses déclarations ; mais il me fallait dissimuler, pour tâcher de cacher à ma mère la conduite de M. Mondorcet. Malgré tous les soins que je pris, ma mère s'aperçut des sentiments que son mari éprouvait pour moi, et je ne sais par quelle fatalité, elle crut que je les encourageais et devint jalouse de sa fille. En vain je cherchai à lui faire comprendre que je n'étais pas coupable ; une femme que la jalousie domine n'est plus susceptible d'entendre la raison. Un jour, ma mère me remit la reconnaissance des soixante mille francs confiés par mon père à son ami Chatrogné, en me disant : « Édile, voilà votre dot; faites-en ce que vous voudrez... Vous avez une amie intime qui est dans le commerce, allez vivre avec elle, établissez-vous; mais nous ne pouvons plus demeurer ensemble. »

Je partis, désolée de quitter ma mère, mais heureuse cependant de ne plus être en butte aux persécutions de M. Mondorcet. Je fus chez mon amie; elle venait de se marier et ne parut pas désirer que je demeurasse avec elle. Décidée à entreprendre moi-même un petit commerce, je cherchai la reconnaissance de M. Chatrogné, que ma mère m'avait remise... Hélas ! je ne la trouvai plus, et je me rappelai que la veille, ne songeant plus que je la possédais, j'avais brûlé toutes les lettres d'amour que M. Mondorcet fourrait sans cesse dans mes poches. Le reçu des soixante mille francs avait été brûlé avec !...

— Ah ! pauvre fille !... vous voilà ruinée !...

— Malgré cela, croyant à la bonne foi, à la probité de cet homme, en qui mon père avait placé sa confiance, je lui écrivis et lui demandai mon argent, en lui avouant franchement que j'avais perdu le reçu qu'il avait donné à mon père...

— Vous lui avez avoué que vous n'aviez plus son reçu... Ah! quelle faute! voilà ce qu'il ne fallait pas lui dire...

— Mais puisque c'était la vérité!

— La vérité!... mademoiselle! en affaire on ne la dit que quand elle ne peut plus nous nuire. Et que vous a répondu mon Chatrogné?

— Qu'il ne savait pas ce que je voulais dire... qu'il ne devait rien à mon père... et qu'il était trop pauvre lui-même pour pouvoir m'être utile.

— J'en étais sûr... trop pauvre... et il est millionnaire... et hier encore il m'a écrit pour me dire qu'il pouvait disposer de cent mille francs et que je tâche de lui trouver un placement avantageux.

— Moulard, tu empêches mademoiselle de nous achever son histoire... de grâce, chère Édile, veuillez continuer...

— Ah! je n'en ai plus long à vous dire : Me voyant sans fortune, sans amis; ne voulant pas surtout que ma mère connût la triste position dans laquelle je me trouvais, je pris bien vite mon parti. Je réalisai le peu que je possédais. Je pris des habits d'homme, cela est plus commode pour voyager, puis je quittai Bordeaux, et je vins à Paris. Qu'y faire ? Je ne le savais pas encore, mais je vis au coin des rues des jeunes garçons qui offraient leurs services aux passants. Voilà, me dis-je, un état tout trouvé, et je me fis commissionnaire. Jugez de ma surprise, de ma douleur, lorsqu'un soir... il y a deux mois environ, je reconnus ma mère dans une pauvre dame qui cherchait son chemin, que l'on avait volée à la sortie du chemin de fer et qui venait à Paris dans l'espoir d'y retrouver son mari...

— Vous vous êtes fait connaître à elle ?

— Oh ! non, cela lui aurait fait trop de peine de savoir à quelle condition j'étais réduite...

— Oui, par sa faute !

— Ah ! ce n'est pas sa faute si j'ai perdu la reconnaissance de ce Chatrogné. Je l'ai logée dans mon petit garni... Elle m'a conté tous ses chagrins... Son mari l'a ruinée...

— Je le savais...

— Elle espérait se remettre avec lui à Paris... pauvre femme... dernièrement elle vient d'être très-malade, elle m'en a avoué la cause... Elle a rencontré son mari au Palais-Royal, il menait des femmes dîner chez le traiteur, et il l'a repoussée, n'a pas voulu la secourir, lui a défendu de jamais lui parler si elle le rencontrait encore.

— Décidément monsieur Mondorcet est un vilain merle !...

— Pauvre Édile !... Et vous, après avoir soigné votre mère, vous êtes venue vous établir ici, près de mon lit ! Depuis quinze jours vous ne m'avez pas quitté... en vérité, vous êtes un ange !...

— Non, je ne suis qu'une femme... mais quand j'aime les gens, moi, ah ! je les aime bien.

— Le principal, dit Moulard, c'est que te voilà bientôt guéri, que la mère de mademoiselle n'est plus malade, et que nous allons nous occuper de te trouver une place...

— Mon patron me renvoie donc?

— Oui, mon ami, il ne veut pas que ses commis passent leur temps à faire l'amour...

— Quel malheur !...

— Allons, console-toi... la santé d'abord, c'est le principal... nous te trouverons une autre place... une meilleure... mais ce Chatrogné, le gredin... Ah ! si on ne lui avait pas dit que la reconnaissance est flambée... et ce monsieur m'écrit que je lui trouve le placement de cent mille francs... sapristi !... Est-ce qu'il n'y aurait pas moyen de lui faire rendre gorge... il faut rêver à cela, mes enfants... en attendant, je vais à mon étude...

— Moi, je vais voir ma mère...

— Et moi, dit Adhémar, en regardant Édile avec tendresse, je vais penser à vous.

XVII

OU MONDORCET AGIT.

Moulard, qui avait une course à faire pour son notaire, suivait la rue de Rivoli, lorsque tout à coup, dans un monsieur qui venait devant lui en balançant son torse, il reconnut Mondorcet. Aussitôt il va se placer sur son passage et l'arrête, en lui disant :

— Parbleu! je suis enchanté de vous rencontrer, monsieur!...

— Tiens! c'est ce cher Moulard! ce brave Moulard, ça me fait aussi bien plaisir de vous voir... je pensais à vous ce matin!...

— Est-ce que vous pensiez à venir rendre à mon patron les trois mille francs que vous lui devez?

— Moi? Oh pas le moins du monde!... votre patron n'attend pas après son argent!... Plus tard... nous en parlerons!...

— Savez-vous, monsieur Mondorcet, que vous êtes un bien mauvais sujet!...

— Mon cher ami, les femmes m'ont souvent appelé ainsi et cela me flattait; mais dans la bouche d'un homme, je vous avoue que je trouve cela un peu roide!...

— Trouvez-le aussi roide que vous voudrez, je m'en fiche pas mal!... J'ai le droit de vous traiter ainsi, car je viens de voir une des victimes de votre inconduite!...

— Vous venez de voir une de mes victimes?... Ah! vous avez rencontré ma femme!... Elle vous a dit des horreurs de moi... c'est tout simple!

— C'est d'autant plus simple que vous l'avez ruinée... mais ce n'est pas de votre femme que je veux parler... c'est de votre belle-fille, la charmante Édile...

— Édile? Tiens, vous connaissez ma belle-fille, vous? Ah! donnez-moi donc son adresse, j'irai lui faire ma cour. Ma femme l'a sottement renvoyée de chez elle; quand une femme devient jalouse, ça ne vaut pas un panais dans le pot-au-feu. Mais au reste Édile a pu s'établir, elle avait soixante mille francs que son père lui avait laissés.

— Malheureusement la pauvre jeune fille a perdu la reconnaissance de cette somme que sa mère lui avait remise, et lorsqu'elle a écrit à celui auquel son père avait confié les fonds... un nommé Chatrogné, le fripon, sachant qu'elle avait perdu son reçu, a nié la dette et prétendu que monsieur Lavergne, le père d'Édile, ne lui avait rien remis pour elle.

— Ah ! qu'est-ce que vous me dites là ! Comment, cette pauvre Édile n'a pas touché sa dot... ce Chatrogné a nié ? Je l'ai vu deux ou trois fois à Bordeaux, ce gaillard-là ; il avait bien la mine d'un fripon...

— Et le plus affreux, c'est que cet homme est maintenant millionnaire. Il est venu se fixer à Paris, où il fait l'usure, prête de l'argent à de gros intérêts. Tenez, j'ai encore dans ma poche une lettre de lui, il me prie de lui trouver un bon placement pour cent mille francs dont il peut disposer en ce moment.

Moulard sort de sa poche la lettre de Chatrogné. Mondorcet la lit, se frappe le front et dit au premier clerc :

— Voulez-vous me confier cette lettre :

— Pourquoi faire ?

— Pour que je fasse payer à notre filou les soixante mille francs qu'il doit à ma belle-fille...

— Diable! si vous faisiez cela... ce serait assez adroit!

— Je le ferai et qui plus est je veux qu'il donne les intérêts de la somme qu'il a reçue depuis neuf ans, je crois...

— Il les doit... et avec les intérêts des intérêts accumulés depuis ce temps, cela ferait bien près de cent mille francs!

— Comme cela se trouve! justement la somme dont il cherche le placement!...

— Vous espérez lui faire donner tout cela!...

— J'en réponds, si vous me secondez.

— Que dois-je faire, moi?

— Oh! tout simplement me donner une lettre d'introduction pour Chatrogné, dans laquelle vous lui dites qu'il peut avoir toute confiance en moi... et que je puis lui faire placer ses cent mille francs.

— Ceci est facile, mais Chatrogné est très-méfiant... il laisse peu de monde pénétrer jusqu'à lui... sa demeure est isolée, il se barricade comme une vieille fille.

— En me voyant possesseur de la lettre qu'il vous a écrite, il ne pourra concevoir le moindre soupçon. Reposez-vous sur moi!... Entrons dans un café et faites-moi la lettre pour Chatrogné.

— Soit!... je le veux bien... Ah! mais une minute, cependant!... Admettons que vous réussissiez et vous fassiez donner les cent mille francs... vous irez les manger avec vos cocottes, les jouer au baccara ou au lansquenet, et la pauvre Édile n'en aura rien!...

Mondorcet ne peut s'empêcher de rire, tout en répondant :

— Vous avez bien mauvaise opinion de moi!...

— Il me semble que j'en ai le droit... je ne sais pas même où vous logez maintenant.

— C'est juste. Eh bien venez avec moi. Je vais vous conduire à mon hôtel... vous verrez que je ne suis pas dans un taudis.

— Je le veux bien. Allons-y.

Mondorcet loge en effet dans un fort bel hôtel de la rue de Richelieu, et y occupe un beau logement, qu'il ne paye pas souvent, mais les intrigants et les joueurs trouvent toujours les moyens d'en imposer par leur ton, leur jactance, et on leur fait un crédit que l'on refuserait à l'homme honnête mais modeste.

— Voici mon local... J'ai une garde-robe fort bien montée. Écrivez-moi la lettre, puis revenez ici tantôt à l'heure que vous voudrez. Attendez-moi, si je n'étais pas de retour. Je vais ordonner à l'hôtesse de vous laisser m'attendre chez moi. Vous comprenez bien que je n'irai pas trouver mes cocottes sans faire une autre toilette... Vous êtes donc sûr de me revoir. Cela vous va-t-il ?

— Il le faut bien... Et vous, qu'allez-vous faire ?

— Vous le voyez bien, pour me présenter chez notre usurier, je me travestis. Je vais me faire une tête vénérable.

— Il faudra vous changer beaucoup

Moulard écrit la lettre pour Chatrogné, puis il quitte Mondorcet, qui vient, devant lui, d'enjoindre à son hôtesse de l'introduire dans son appartement s'il revenait à l'hôtel avant son retour, et de l'y laisser libre de l'attendre.

Mondorcet change de toilette ; il met une vieille cravate, ne laisse pas voir son linge, prend un gilet usé, s'affuble d'un vieux paletot qu'il comptait offrir à son concierge, se couvre la tête avec une vieille perruque qui lui a servi en carnaval ; enfin, il se fait une figure, sinon respectable, du moins tout autre que celle qu'il a habituellement.

Sa toilette achevée, Mondorcet, qui pense à tout, écrit d'avance un reçu de cent mille francs, et signe comme chargé des affaires de sa belle-fille ; puis, après avoir mis dans sa poche un revolver dont les six coups sont chargés, il se dirige vers la demeure de

Chatrogné, dont il a pris connaissance sur la lettre que Moulard lui a donnée pour cet homme.

Il était deux heures de l'après-midi. Mondorcet monte à l'étage qu'on lui a indiqué, voit le petit guichet grillé, et certain que c'est là que demeure l'homme aux écus, il sonne à cette porte.

Bientôt des pas lourds se font entendre, et l'on crie :

— Qui est là ?

Mondorcet se fait une voix fêlée, en répondant :

— Je demande M. Chatrogné... Je suis envoyé vers lui par M. Moulard... J'ai même une lettre de ce dernier à lui remettre.

La planche du guichet est tirée. Chatrogné paraît derrière; il regarde celui qui est devant sa porte, et dit :

— Vous avez une lettre de maître Moulard pour moi ?

— Oui, monsieur.

— Veuillez me la passer.

Mondorcet passe la lettre par le guichet. Le vieil usurier la lit avec attention et murmure :

— Ah! très-bien... c'est pour l'affaire dont je lui ai parlé...

— Oui, oui... les cent mille francs que vous avez

à placer... comme vous le lui dites dans ce billet qu'il m'a remis...

— Chut! chut!... pas si haut donc!... Est-ce que mes voisins ont besoin de savoir que j'ai de l'argent à placer... Attendez, je vais vous ouvrir... et nous pourrons causer chez moi sans être entendus.

Chatrogné tire les verrous, ôte les barres de fer et ouvre enfin sa porte ; puis la referme bien vite, dès que Mondorcet est entré. Celui-ci examine avec soin tout ce qui l'entoure et s'avance en se donnant une démarche chancelante et pénible. L'usurier le fait passer dans la seconde pièce où est son bureau, en disant :

— Nous voici à l'abri des oreilles des curieux..... Asseyez vous. J'ai fait exprès matelasser cette porte, afin qu'on ne puisse pas entendre du dehors ce qu'on dit... c'est une excellente précaution... Vous avez donc la lettre que j'ai écrite à Moulard ?

— La voilà.

— Est-ce que c'est par votre entremise que se fera l'affaire ?

— Je vais vous expliquer cela.

— Je vous préviens qu'il me faut des garanties solides... Eh bien ! que faites-vous donc ?

Mondorcet venait de se lever ; il avait été fermer

à double tour la porte matelassée, et mettait la clef dans sa poche.

— Pourquoi fermez-vous à double tour?...

— Je crains les vents coulis.

— Pourquoi mettez-vous cette clef dans votre poche?

— Je vais vous le dire.

Et Mondorcet commence par ôter sa perruque, qu'il pose sur un meuble en riant, tandis que Chatrogné devient pâle, jaune, vert, et s'écrie :

— Qu'est-ce que cela signifie?... Qui êtes-vous, monsieur?... Que venez-vous faire chez moi?...

— Vous allez le savoir... nous allons nous expliquer tout à l'heure comme de bons amis.

— Pourquoi vous êtes-vous déguisé?... Et cette clef que vous avez prise... Je vais appeler au secours, monsieur!

— Papa Chatrogné, vous oubliez que vous venez de me dire vous-même qu'il était impossible d'entendre du dehors ce qu'on dit dans ce cabinet.

— Je vais me mettre à la fenêtre...

— Cette fenêtre donne sur une affreuse cour..... un cloaque où l'on ne doit pas passer. D'ailleurs, votre fenêtre est grillée avec soin, ce qui ne vous permettrait pas de vous pencher en dehors. Puis enfin, et pour dernière raison, si vous ne voulez pas être gentil, voilà avec quoi je vous ferai taire.

Mondorcet a sorti de sa poche son revolver et le met sous les yeux de Chatrogné, qui devient tremblant comme la feuille et peut à peine balbutier :

— Ah! vous êtes venu dans l'intention de m'assassiner pour me voler?

— Pas du tout!... Je vous certifie que tel ne fut jamais mon but. Je suis venu de la part d'une de vos créancières pour que vous lui rendiez l'argent que vous avez à elle... Voilà tout.

— Monsieur, je n'ai d'argent à personne... Je n'ai pas de dettes, moi !

— Oh ! vous en oubliez une, assez importante cependant... Mademoiselle Édile Lavergne, la fille de votre ami, qui vous avait remis soixante mille francs à faire valoir, pour constituer plus tard une dot à sa fille. Est-ce que vous l'avez rendu, cet argent-là ?

Chatrogné, qui s'est troublé quand on a prononcé le nom d'Édile, tâche de reprendre son assurance, en répondant :

— Monsieur, mademoiselle Lavergne est dans l'erreur... son père ne m'a rien confié pour elle... Il en a peut-être eu le projet, mais il ne l'a pas mis à exécution...

— La preuve qu'il l'a mis à exécution, c'est que vous lui en avez donné un reçu.

— Un reçu?... Vous avez un reçu de moi?..... Voyons, montrez-le-moi, je suis curieux de le voir.

— Ah! vieux filou!... Vous me dites cela, parce que ma belle-fille Édile a fait la sottise de vous écrire qu'elle avait perdu votre reconnaissance.

— Votre belle-fille... Ah! oui, je vous reconnais, maintenant... Vous êtes ce monsieur Mondorcet que madame Lavergne a fait la bêtise d'épouser en secondes noces, et qui, à ce que j'ai appris, a déjà ruiné cette pauvre dame.

— C'est moi-même, mon bon ami... Eh bien! puisque vous me reconnaissez, nous allons jouer cartes sur table... Voyons, vous devez soixante mille francs à Édile, plus les intérêts des intérêts accumulés depuis neuf ans passés; nous pouvons bien mettre cela à cent mille francs, c'est un chiffre rond, et vous cherchiez justement le placement de cette somme. Vous allez donc me compter cent mille francs contre le reçu que voilà.

— Moi, vous donner cent mille francs .. jamais!

— Chut! ne faisons pas le méchant... Écoutez comme ceci est bien rédigé : « J'ai reçu de M. Chatrogné, pour le compte de ma belle-fille, Élise Lavergne, la somme de cent mille francs, pour quittance des soixante mille et des intérêts de cette somme, qu'il lui devait depuis neuf ans... et j'ai signé par procuration de ma belle-fille. MONDORCET. » Vous voyez que c'est parfaitement en règle. Maintenant, comptez-moi les billets de banque, et dépêchons... je n'aime pas les affaires qui traînent.

Mais Chatrogné ne bougeait pas; il se contentait de rouler des yeux effarés, en regardant de tous côtés. Après avoir en vain attendu quelques instants, Mondorcet reprend dans sa poche son revolver et en met le canon sous le nez de l'usurier, en lui disant :

— Prenez-y garde! je ne suis pas patient... Si vous ne vous exécutez pas de bonne grâce, ce n'est pas cent mille francs, c'est deux cent mille que j'emporterai d'ici... et je vous brûlerai la cervelle par-dessus le marché... Oh! le bruit de mon arme ne fera venir personne... c'est un revolver de poche... c'est doux, c'est amorti... Eh bien! que décidez-vous?

— Mon Dieu!... eh bien! j'avoue les soixante mille francs, je consens à les rendre... mais je ne dois pas davantage.

— Mon cher ami, ce serait bon à dire à ma belle-fille, cela; elle pourrait se contenter de la somme. Mais, moi, je sais calculer. Avec les intérêts, je vous demande cent mille francs; ce n'est pas trop. D'ailleurs, mon reçu est fait de cette somme... Ah! vous hésitez... Deux cent mille, alors!

— Non, non... je me soumets... je paye. Tenez, voilà les cent mille francs... Ah! vous me ruinez...

— Voyons les billets de banque... la somme y est, c'est bien. Voilà votre reçu. Et, à présent, adieu.

— Est-ce que vous allez m'enfermer?

— Petite mesure de précaution. Il le faut bien; mais soyez tranquille, ce soir je vous enverrai un serrurier... Adieu, cher ami, enchanté d'avoir renouvelé connaissance avec vous.

Mondorcet laisse Chatrogné accablé, terrifié sur sa chaise; il l'enferme dans son cabinet, puis se hâte de quitter son appartement et la maison, dont il sort sans avoir rencontré personne.

Quand il est dans la rue, Mondorcet fait un signe au premier fiacre qu'il aperçoit, car il ne voudrait pas être vu dans le singulier costume qu'il porte. Lorsqu'il est monté dans une voiture et que le cocher lui demande où il doit le conduire, il réfléchit quelques instants, tâte les cent mille francs qui sont dans sa poche et se dit :

— Sapristi! si je rentre à mon hôtel, je vais y trouver Moulard. Il est bien capable de m'y attendre déjà... et il faudra que je lui donne cette superbe somme que je viens de toucher... que je me sépare de ces jolis billets de banque, sans qu'ils m'aient procuré aucun plaisir... aucune jouissance... Oh ! non, ce serait trop bête ! J'ai toujours bien le temps de voir Moulard. Mais Tubéreuse... la divine Tubéreuse, pour laquelle j'ai lâché Clarisse, qui m'ennuyait..... Pardieu ! voilà bien le moment de la régaler fastueusement, de la bourrer de truffes et de cliquot. Dans ce costume, je ne puis me présenter devant elle, mais à Paris, avec de l'argent on se transforme à la minute... et grâce au ciel nous sommes en fouds..... Cocher, conduisez-moi au magasin de confection le plus chicocandar.

— Bourgeois, je vais vous conduire à la *Belle Jardinière*.

— Soit ! va pour la *Belle Jardinière !*

Le cocher fouette ses chevaux, car il voit qu'il a affaire à un de ces hommes de plaisir, qui sont toujours généreux quand la fortune leur est favorable, et sur la figure radieuse de son voyageur, il était facile de deviner qu'il était en fonds.

On arrive à la *Belle Jardinière* : Mondorcet mande ce qu'il y a de plus beau, de plus élégant jette d'avance un billet de mille francs sur un comptoir, et chacun s'empresse pour satisfaire cette superbe pratique. En quelques minutes Mondorcet est complétement remis à neuf des pieds à la tête. On lui procure même des bottines vernies et un chapeau. Les garçons du magasin ont fait un paquet de toute la défroque ôtée par leur client et lui disent :

— Où faut-il que l'on envoie cela, monsieur ?

— Ah! c'est juste... mes vieux vêtements... eh bien ! vous les ferez porter à mon hôtel... voici l'adresse... mais ne les envoyez pas avant ce soir ; j'ai des raisons pour ne pas vouloir qu'on les reçoive trop vite.

— Il suffit, monsieur.

Mondorcet remonte dans sa voiture et se fait conduire chez un loueur d'équipages à la mode. Là, il congédie son fiacre, loue pour le restant de la journée une charmante calèche avec cocher et laquais à livrée, puis il se fait mener rue de Bréda, chez mademoiselle Tubéreuse.

La jolie cocotte pousse un cri de surprise en apercevant Mondorcet.

— Tiens, c'est toi !... Je ne t'attendais pas aujourd'hui !...

— J'arrive toujours quand on ne m'attend pas... Est-ce que cela te fâche de me voir?

— Bien au contraire... je m'embêtais toute seule.

— Sois tranquille, je vais faire en sorte que tu ne t'embêtes plus, ma chère ! Journée complète de plaisirs, de folies. Je veux te saturer de truffes, de champagne... de tout ce qu'il y a de meilleur !...

— Il serait possible... et tu étais à sec avant-hier ! tu es donc rentré dans des fonds ?

— Je suis rentré dans une foule de choses... je n'ai jamais été si riche.

— Ah ! quel bonheur !...

— J'ai une calèche en bas qui nous attend... fais une belle toilette... nous allons nous ballader un peu avant le dîner ; ce soir, nous chercherons à quel théâtre tu veux aller...

— Ce soir ? mais Mouillette donne ce soir une grande soirée pour inaugurer son nouvel appartement et son nouveau monsieur... un homme retour de l'Inde avec des pépites d'or. On doit boire du punch et jouer un jeu d'enfer...

— Oh ! bravo ! j'aime mieux cela que le spectacle. Je suis en veine, je doublerai mes capitaux...

— Alors nous irons chez Mouillette, ça lui fera bien plaisir de t'avoir ; elle m'avait chargé de t'inviter ; mais je ne t'en avais pas parlé, parce que...

— Parce que tu me croyais dans la dèche !... pauvre biche !... Est-ce que je ne remonte pas toujours sur l'eau... Allons, à ta toilette et en route.

Tubéreuse a bientôt fini de se parer. On monte en voiture, on se promène quelque temps pour se faire voir et faire voir ses laquais à livrée. On va ensuite dîner chez un des meilleurs restaurateurs de Paris ; mais on garde la calèche, on dit aux laquais de se faire soigner et l'on fait un repas digne de *Lucullus*, avec moins de plats, peut-être, mais qui par leur mérite doivent l'emporter sur la triste cuisine des Romains.

Enfin, après avoir été prendre des glaces au café Napolitain, on se fait conduire chez mademoiselle Mouillette, qui occupe maintenant un fort bel appartement boulevard Haussmann, et s'y fait appeler : madame de Grandcouloir, parce que le nom de Mouillette n'était pas assez ronflant pour sa nouvelle position.

La réunion était nombreuse, il y avait beaucoup de jolies femmes, et c'est un excellent moyen pour avoir beaucoup de cavaliers : le monsieur, retour de l'Inde, ressemblait parfaitement à une canne à sucre; il se tenait bien raide, ne parlait pas, mais se trouvait presque continuellement sur les talons de Mouillette, et plongeait ses regards dans un sein assez blanc, mais qui tremblait au moindre mouvement de la dame, qui se tournait en riant vers son monsieur en lui disant :

— Ah ! polisson !... qu'est-ce que vous regardez donc là ?...

Et les bonnes amies de Mouillette se disaient à demi-voix :

— Pardi ! il regarde ce qui se passe !

On se livre au lansquenet, au baccara, au chemin de fer, à l'écarté ; à toutes ces inventions diaboliques, que nous devons à la folie du roi Charles VI, pour lequel on assure que les cartes furent inventées. Mais comme il y a un piano dans le salon, les dames veulent aussi qu'on les fasse danser, et quelques jeunes gens, qui ne sont pas encore ensorcelés par le jeu, veulent bien se livrer à une polka, à une mazurke, et valser en deux temps, sur une valse qui est toujours en trois temps : invention tout à fait digne des gens qui n'ont pas d'oreilles et qui ne sentent nullement le charme de la musique.

Le punch circule sans cesse ; il y en a au kirsch, au rhum, au cognac, il y en a même au vin. Conservez donc votre tête, animée à la fois par le jeu, les œillades de ces dames et la variété des punchs ! Aussi les parties deviennent-elles chaudes ; on joue des sommes très-fortes. Mondorcet est en veine, il gagne à tous les jeux. Un Américain, qui a sans cesse perdu contre lui et paraît être fort mauvais joueur, demande à Mondorcet une revanche à l'écarté.

— A tout ce que vous voudrez ! s'écrie celui-ci, je sais tous les jeux et ne recule jamais

— Je perds déjà dix mille francs !...

— J'en ai perdu bien d'autres !...

— Je vous en joue cinq, acceptez-vous ?

— Parbleu, je suis déjà en gain d'une trentaine de mille francs, mais prenez garde... je suis en veine...

— Oh ! la veine !... ce n'est pas la veine que je crains...

— Va pour cinq mille francs... je les mets au jeu... et vous ?...

— Une minute... je vais les mettre... Avez-vous peur que je ne vous paye pas ?...

— Votre question est de trop ; je mets au jeu, vous devez y mettre...

L'Américain tire des billets de banque de sa poche. Il met cinq mille francs sur le tapis. La partie s'engage ; Mondorcet gagne ; son adversaire froisse les cartes avec colère, en demande d'autres et remet cinq billets de mille francs sur le tapis en murmurant :

— Il faut espérer que vous n'allez pas toujours tourner le roi...

— Je le tournerai s'il me vient...

Les joueurs malheureux croient souvent qu'on les triche, et ne veulent pas attribuer leur mauvaise fortune aux fautes que parfois ils commettent ou à la veine qui favorise leur adversaire ; celui-ci était de ce nombre. Mondorcet avait quatre points, il tourne le roi et gagne. Alors l'Américain frappe de son poing sur la table en s'écriant :

— Vous avez préparé ce roi-là !...

Mondorcet était joueur, mauvais sujet, blagueur, il avait certes de nombreux défauts, mais il n'était pas filou, il n'avait jamais triché au jeu ; il ne répond à l'apostrophe de son adversaire qu'en lui appliquant un soufflet qui fait tomber une des bougies qui les éclairaient.

Tout le monde se lève. Le monsieur, retour de l'Inde, glisse et tombe le nez sur le sein de mademoiselle Grandcouloir. L'Américain est furieux, non-seulement d'avoir reçu un soufflet, mais aussi d'avoir perdu son argent.

— Monsieur, vous me rendrez raison, dit-il à Mondorcet.

— Je ne demande pas mieux, monsieur, je ne recule pas plus pour me battre que pour jouer.

— Il me faut votre vie, monsieur...

— C'est bon, phrase d'usage ! Vous aurez ce que vous pourrez.

— Demain, à huit heures, mes témoins seront chez vous.

— A dix heures, s'il vous plaît ? je n'aime pas à me lever de bonne heure, moi !

— Votre adresse ?

— Chez madame, la piquante Tubéreuse, qui veut bien me donner l'hospitalité cette nuit... N'est-ce pas, tendre amie ?

— Je crois bien... tant que tu voudras !... Mouillette, tu donneras mon adresse à monsieur... Oh ! mais c'est des bêtises de se battre pour une partie de cartes, quand nous nous amusions si bien...

— Tubéreuse, ne te mêle pas de choses auxquelles tu n'entends rien. Prends ton châle, mon bras et partons... la calèche nous attend...

Mademoiselle Tubéreuse s'empresse d'obéir à Mondorcet ; et celui-ci part avec elle, après avoir encore dit à l'Américain :

— A demain, monsieur... les armes que vous voudrez !

XVIII

TOUT EST BIEN, QUI FINIT BIEN.

Après avoir, dans la matinée, quitté Mondorcet, Moulard réfléchit sur ce qu'il vient de faire, et se demande s'il doit aller conter cela à ses jeunes amis. Mais il craint de leur donner une espérance trompeuse; quand il se remémore la conduite du beau-père d'Édile, il se repent presque de l'avoir laissé aller chez Chatrogné et se dit : « Si Mondorcet touche les cent mille francs, et lors même qu'il n'en toucherait que soixante, ce serait encore très-beau ! Oui, s'il les apporte à sa belle-fille... Mais, au lieu de cela... quand il se verra cette somme entre les mains, n'est-il pas à craindre qu'il n'aille la jouer, la manger avec ses maîtresses.... et nous n'entendrons plus parler de lui!... C'est trop probable!... D'un autre côté, qui ne risque rien n'a rien... et après tout, puisque son moyen était le seul qui nous restât pour faire rendre gorge au fripon qui dépouille notre pauvre Édile, j'ai donc bien fait de le tenter. »

Le clerc de notaire regarde à chaque instant l'heure à sa montre ; il se dit :

— Il était une heure et demie quand j'ai quitté Mondorcet ; mais il a fallu qu'il achève de se travestir. Il a pu aller chez Chatrogné vers deux heures. A quatre heures, tout peut être terminé. Je serai à son hôtel à quatre heures. En attendant, irai-je conter tout cela à Adhémar ?... Non, il vaut mieux ne le voir qu'après être allé savoir si Mondorcet est revenu.

A quatre heures précises, Moulard se rend à l'hôtel où loge le beau-père d'Édile, et demande si ce monsieur est chez lui.

— Non, monsieur, dit l'hôtesse, M. Mondorcet n'est pas encore rentré ; mais, si voulez l'attendre chez lui, on va vous ouvrir son appartement.

Moulard hésite, puis répond :

— Non, je préfère revenir... Ah ! pardon, madame, mais quand M. Mondorcet est sorti avait-il gardé le costume râpé que je lui ai vu mettre?

— Oui, monsieur... Oh! il avait aussi une perruque qui le changeait complétement... il était comique... C'est probablement une gageure qu'il avait faite de sortir ainsi !

— Très-bien. Oh! alors, je suis tranquille, il reviendra.

Moulard s'éloigne; mais pour tuer le temps, cette fois, il n'y tient plus, il monte chez Adhémar, qui est levé, et près duquel il trouve Édile, qui écoute avec bonheur les témoignages de reconnaissance que lui prodigue le convalescent.

— Bonjour, mes enfants, dit Moulard en allant presser les mains du jeune couple.

Puis il se met à arpenter la chambre.

— Ah! tu fais bien d'arriver, Moulard, je faisais avec ma jeune garde de charmants projets pour l'avenir... Mais assieds-toi donc près de nous, au lieu de marcher toujours.

— Non, non, je ne veux pas m'asseoir... je ne peux pas... J'ai des fourmis dans les jambes, il m'est impossible de rester en place.

— Vous avez l'air tout préoccupé! dit Édile; est-ce que vous avez quelque chose qui vous tourmente?

— Non... rien,.. c'est-à-dire si... J'ai affaire... je suis très-pressé...

— Est-ce que vous pensez déjà à quitter votre ami?... Et vous arrivez à peine!

— D'abord, du moment que vous êtes près de mon ami, je ne suis point inquiet de lui. Mais ensuite... sapristi ! je voudrais être plus vieux d'une heure...

— Voyons, Moulard, tu as quelque chose?... conte-nous cela.

— Je ne veux pas... parce que, si cela ne réussit pas, ce serait vous donner une fausse joie.

— Cela nous regarde donc?

— Pardieu ! Je le crois bien... Cela regarde surtout cette charmante fille... notre faux Alexis... que je serais si heureux de voir rentrer dans l'argent que son père lui avait laissé.

— Quoi ! monsieur Moulard, vous avez l'espoir... Est-ce que vous avez vu M. Chatrogné?

— Non, je ne l'ai pas vu... Ce n'est pas moi qui... Ah! bientôt cinq heures. Je retourne à son hôtel... il doit être revenu, il ne faut pas plus de trois heures pour terminer une affaire comme celle-là.

Et Moulard sort précipitamment, laissant ses amis, qui ne s'expliquent pas sa conduite. Mais peu lui importe ! il se met à marcher au pas accéléré, arrive à l'hôtel et dit au concierge :

— Cette fois, Mondorcet est rentré, je pense?

— Non, monsieur, pas encore.

— Cela devient bien extraordinaire.

— Si monsieur veut l'attendre chez lui, je vais avoir l'honneur de l'y conduire.

— Oui, cette fois, je l'attendrai chez lui; car, maintenant, il est impossible qu'il tarde beaucoup.

On introduit Moulard chez Mondorcet; il se jette dans un fauteuil en disant :

— Je ne bouge plus d'ici qu'il ne revienne... car il faut bien qu'il revienne et qu'il reprenne sa toilette d'homme à la mode. Mais que diable peut-il faire si longtemps avec Chatrogné?

Le temps se passe; six heures sonnent, personne ne paraît. Moulard se mange les sens; il va, vient dans la chambre; se met à la fenêtre, écoute; au moindre bruit, il s'écrie :

— Ah! le voilà!...

Mais rien. Puis sept heures sonnent, et la nuit commence à tomber. Le premier clerc n'a pas dîné; Mais il ne pense pas à son estomac; il est furieux et ne cesse de se dire : « Mais qu'est-il donc devenu, ce misérable? Il se moque donc aussi de moi!... S'il n'a pas réussi dans son projet, qu'il vienne me le dire au moins, et que je sache à quoi m'en tenir. »

Enfin, sur les huit heures du soir, l'hôtesse paraît, tenant à la main un paquet ficelé.

— Ah! vous précédez sans doute Mondorcet, n'est-ce pas, madame? s'écrie Moulard; il est en bas?

— Non, monsieur, non. Mais M. Mondorcet vient d'envoyer ici ce paquet. Ce sont les habits qu'il portait quand il est sorti. Il paraît, d'après ce que m'a dit le garçon de magasin, que mon locataire a entièrement changé de toilette dans un magasin de confections... Oh! je me doutais bien qu'il ne resterait pas longtemps comme il est parti, et il renvoie ses vieux effets.

— Ah! le gredin! le fripon! s'écrie Moulard en donnant un coup de pied dans le paquet et faisant voler en l'air le vieux paletot et la perruque. Mais, alors, il a donc touché l'argent, puisqu'il s'est fait habiller à neuf pour ne pas revenir ici?... Le misérable! il n'a pas voulu me revoir, parce que je l'aurais forcé à rendre tout ou du moins une partie de la somme qu'il a touchée... Ah! pauvre Édile! pauvre fille!... c'est fini, tu n'auras jamais ton argent.

— Comment! monsieur, vous pensez que mon locataire est capable de vous faire du tort?

— Je pense, madame, qu'il est inutile que je l'attende plus longtemps... La vue de ce paquet m'en dit assez! Ah! je n'aurais jamais dû avoir la moindre confiance dans cet homme-là.

— Enfin, monsieur, il faudra toujours bien qu'il revienne ici?

— Oui, madame, quand il aura tout joué, tout

mangé, et qu'il cherchera quelque nouvelle dupe à faire.

Moulard retourne chez Adhémar, auquel Édile tenait, le soir, fidèle compagnie ; car sa mère étant rétablie, elle n'était plus tenue de l'aller voir si souvent.

L'air morne, abattu, consterné, de Moulard frappe le jeune couple. Le premier clerc se laisse tomber sur un siége, en disant :

— Mes enfants, je n'ai pas réussi. Je commence par vous dire cela avant de vous conter tout ce que j'ai fait, afin que vous ne conceviez pas de fausses espérances. Ce n'est pas ma faute! J'avais cru pouvoir forcer le Chatrogné à donner ce qu'il doit..... L'affaire a manqué... ne me grondez pas, pauvre fille !

— Moi, vous gronder, monsieur Moulard? Jamais. Mais contez-nous donc toute cette histoire.

— Oui, je vais vous la conter. Auparavant, s'il y avait ici un morceau de n'importe quoi à mettre sous la dent... je vous avoue que je n'ai pas dîné.

— Pas dîné ! Ah ! pauvre monsieur !... Attendez, il y a ici du bouillon...

— Et du saucisson et du thon mariné, dit Adhémar ; car cette chère Édile est si bonne, qu'elle consent à venir manger près de moi

— Oh! c'est plus qu'il n'en faut. Je vais me croire aux *Frères-Provençaux*.

En un instant, Édile a dressé le couvert et mis sur la table les provisions. Moulard attaque tout; il boit le bouillon froid, et prétend que c'est meilleur que chaud; enfin, après avoir calmé sa faim, il peut commencer son récit et raconte tout ce qui s'est passé dans la journée entre lui et Mondorcet.

Le nom de son beau-père a fait trembler Édile, qui murmure :

— Ah! monsieur Moulard, je vous remercie de ce que vous avez tenté; mais du moment que M. Mondorcet s'en mêlait, je devais être certaine de ne rien avoir.

— Tout n'est peut-être pas désespéré, dit Adhémar. Ce Chatrogné a peut-être demandé du temps, des délais, pour donner l'argent.

— Ce n'est pas supposable, dit Moulard. Mondorcet avait la tête montée; il n'aurait pas accordé de temps, sachant d'ailleurs que Chatrogné possédait chez lui cent mille francs dont il cherchait le placement. J'ai conservé de l'espoir jusqu'à l'arrivée du paquet de vieux effets; mais, du moment que le Mondorcet s'est fait habiller à neuf, c'est qu'il était en fonds, et, ne voulant pas m'en donner, il n'est pas rentré chez lui.

— A ta place, Moulard, j'y retournerais demain matin.

— Sans doute, j'y retournerai ; mais je suis certain d'avance que ce sera bien inutilement. C'est égal, monsieur Mondorcet, que je te rencontre jamais et tu ne sortiras pas de mes mains facilement!

La soirée se passe en causant de cette aventure c'est Édile qui est obligée de consoler Moulard sur la non-réussite de cette affaire :

— Depuis longtemps, dit-elle, je ne pensais plus à l'argent que me vole ce Chatrogné. J'en ai donc fait mon deuil. Mais ma mère est guérie ; M. Adhémar sera bientôt entièrement rétabli. Vous voyez bien que ce n'est pas le moment de nous affliger.

— Oui, dit Adhémar, mais je ne veux plus que vous soyez commissionnaire. Vous m'avez promis de reprendre le costume de votre sexe et de chercher une occupation plus digne de votre éducation ?

— Je vous l'ai promis, je ferai ce que vous voudrez ; et alors je me ferai reconnaître de ma mère, que je ne quitterai plus.

Sur les onze heures du soir, chacun songe à gagner son gîte.

— Si tu sais quelque chose de nouveau demain, dit Adhémar à son ami, tu viendras vite nous le dire.

— Parbleu ! la recommandation est bien inutile. Mais il n'y aura rien de nouveau. C'est fini, on n'entendra plus parler de Mondorcet; il est capable d'être parti pour l'étranger avec les cent mille francs... Il est dans quelque ville où l'on joue à la roulette.

Le lendemain, cependant, après avoir été à son étude, Moulard se rend sur les onze heures au logement de Mondorcet. L'hôtesse, toujours très-polie, lui répond en poussant un soupir :

— Hélas ! monsieur, pas de nouvelles de M. Mondorcet, il n'est pas rentré coucher.

— Oh ! je m'y attendais, madame ; maintenant, il ne reviendra plus, et il emporte la somme qu'il a touchée pour ma cliente. Je devais m'y attendre. Je crois qu'il est inutile que je revienne... Adieu, madame !

— Mais cependant, monsieur, si j'avais quelque nouvelle de ce monsieur... où pourrais-je vous le faire savoir ?

— Voici l'adresse de mon notaire, madame. J'y suis toute la journée... Mais je ne pense pas que ceci vous servira.

Moulard sort de l'hôtel de la rue Richelieu, et va chez Adhémar, qui, avec Édile, s'étonnait de ne point avoir encore reçu sa visite. A sa triste figure on devine qu'il n'a point de nouvelles de Mondorcet, et la jeune fille s'écrie :

— Eh bien ! c'est fini, maintenant ; ne parlons plus de cela, ne pensons plus à cette affaire. Est-ce qu'on a absolument besoin d'argent pour être heureux ?

— Non... pas absolument, dit Adhémar ; et moi, je me trouve bien heureux à présent.

— C'est très-beau d'être philosophe, mes enfants, dit le maître clerc ; mais l'argent rend le bonheur plus facile à attraper et le fait durer plus longtemps.

Il n'y a pas dix minutes que Moulard est chez Adhémar, lorsqu'on sonne avec violence ; c'est un petit clerc de l'étude, qui est tout essoufflé, et dit à Moulard :

— Monsieur, on vient de venir vous chercher pour que vous alliez tout de suite chez M. Mondorcet, à son hôtel. Il paraît que c'est pressé, très-pressé...

— Ah ! mon Dieu, se pourrait-il ! s'écrie Moulard en se levant comme un ressort. Des nouvelles du Mondorcet !... Quel espoir !... Mes enfants, attendez-moi... Vous pensez bien que je ne vous laisserai pas languir !...

Et Moulard sort avec tant de précipitation, qu'il renverse les chaises, bouscule son petit saute-ruisseau et fait tomber dans l'escalier le pot d'une dame qui venait d'acheter du bouillon. Mais rien ne l'arrête ; il ne marche pas, il vole. Enfin il arrive et dit au concierge :

— Est-ce que Mondorcet est revenu ?

— Oui, monsieur, on vient de le rapporter ici... Mais hâtez-vous, si vous désirez le trouver encore vivant, car il paraît qu'il n'en a pas pour longtemps, à ce qu'a dit le chirurgien.

— Qu'est-ce que cela veut dire ?

— Eh pardine ! un duel... un bon coup d'épée dans la poitrine ; ça les amuse, ces messieurs !

Moulard gravit l'escalier quatre à quatre ; il arrive au logement où il a attendu si longtemps la veille ; il trouve Mondorcet étendu sur un divan et déjà d'une pâleur effrayante ; mais, à l'aspect de Moulard, un léger sourire vient ranimer les traits du blessé, qui lui dit d'une voix entrecoupée :

— J'ai touché les cent mille francs... mais j'étais allé jouer... m'amuser... Heureusement pour Édile, la fortune m'a été favorable ! Tenez... prenez ce portefeuille qui est là... dans mon habit... J'avais eu la précaution de l'emporter avec moi... en allant me battre... Ah ! je n'ai plus de force.., donnez-moi de ce cordial...

Moulard a pris le portefeuille, qui est bourré de

billets de banque; il fait boire au blessé quelques gouttes du cordial ; Mondorcet retrouve un peu de force, et parvient à dire encore :

— Vous trouverez là dedans, outre l'argent de ma belle-fille, quarante mille francs que j'ai gagnés hier au jeu... Ce sera pour ma femme... ça la dédommagera un peu de mes folies... Ce gain est la cause de mon duel... et pourtant, je vous jure... Ah! tant pis !... l'Américain méritait...

Mais le souffle lui manque, et Mondorcet a cessé d'exister.

— Ma foi ! dit Moulard, voilà la plus belle action qu'il ait faite dans sa vie.

Et, sans demeurer plus longtemps chez celui qui n'est plus, Moulard reprend sa course, ne s'arrête pas, devance tous les fiacres et arrive chez Adhémar, essoufflé, haletant, pouvant à peine respirer. Sans laisser à ceux qui sont là le temps de le questionner, il court à Édile, la prend par la tête, l'embrasse, en fait autant à son ami, et enfin jette sur la table le portefeuille bourré de billets de banque, en disant :

— Voilà, chère fille, ce que votre beau-père vous envoie... Il y a là cent mille francs qu'il a touchés du Chatrogné; plus quarante mille francs, qu'il a gagnés au jeu et laisse à madame votre mère pour la dédommager un peu de toutes ses propriétés qu'il a mangées... Il manque peut-être un billet de mille francs à la grosse somme; mais Mondorcet s'était habillé à neuf... ceci est un détail. Il est mort... un coup d'épée qu'il a reçu ce matin a mis fin à sa carrière, et franchement, ma chère demoiselle, c'est bien heureux pour vous ; sans ce duel, vous n'auriez pas vu un sou de cet argent, et votre pauvre mère serait restée dans la misère. Cette fois, le jeu a été en notre faveur... Pardonnez à celui qui n'est plus, en faveur de cette dernière partie. Tout est bien qui finit bien.

Les jeunes gens ne reviennent pas de leur surprise. Édile surtout ne peut se figurer qu'elle possède cent mille francs ; mais bientôt elle songe au bonheur qu'elle va apporter chez sa mère, et s'écrie :

— Ah ! maintenant, je puis lui rendre sa fille

Elle quitte vivement les deux amis, qui ne cherchent point à la retenir, car ils savent bien qu'elle va trouver sa mère. Lorsque Édile est partie, Adhémar devient rêveur.

— A quoi songes-tu ? lui dit Moulard.

— Je songe que maintenant Édile est riche, que je n'ai pas le sou, pas de place, et que je n'oserai pas lui demander sa main.

— Allons, ne dis pas de bêtises ! Tu trouveras une place et regagneras de l'argent. Édile t'a assez prouvé qu'elle t'aimait pour toi. Au reste, vous n'êtes pas obligés de vous marier tout de suite... à la vapeur. En fait de mariage, il faut toujours se donner le temps.

Édile revient dans l'après-dînée chez Adhémar ; mais ce n'est plus sous le costume du petit commissionnaire qu'elle se présente ; c'est une jeune fille, bien gracieuse, bien tournée, qui porte une robe comme si elle n'avait jamais porté autre chose.

Adhémar pousse un cri de joie en la voyant ainsi.

— Regarde-la donc ! dit-il à Moulard. Vois comme elle est jolie sous les habits de son sexe !

— Parbleu ! elle ne pouvait pas être laide... Mais votre mère, mon enfant, qu'a-t-elle dit ? Elle a dû être bien heureuse de retrouver sa fille !

— Oh ! oui... elle m'a bien embrassée... Mais croiriez-vous qu'elle a pleuré en apprenant que son mari était mort ?

— Ces pleurs-là se sécheront bien vite ; on ne regrette pas longtemps les gens qui nous ont fait du mal.

Le lendemain de cette journée, Adhémar, qui est alors en état de sortir, se rend chez la mère d'Édile, avec laquelle il lui tarde de faire connaissance, et qui le remercie de tout l'intérêt qu'il a montré à sa fille avant de savoir qui elle était.

Maintenant, les aventures d'Alexis étant terminées et nos principaux personnages se trouvant désormais en position d'être heureux, nous cesserons de nous occuper d'eux.

Quant à ceux qui ont marqué dans cette histoire, nous avons appris que Chatrogné était mort de colère d'avoir reçu une pièce de quatre sous pour une de dix.

Le bel Anatole Pipeaux, ayant mangé une partie de sa fortune, avait espéré la refaire encore à la roulette ; mais, cette fois, le sort lui ayant été tout à fait contraire, ce monsieur a été réduit à accepter une place de conducteur d'omnibus.

Enfin la belle blonde Ariane a vu ses attraits disparaître par suite d'une petite vérole qui l'a horriblement défigurée. Ses charmes attiraient les hommes sur ses pas, maintenant sa vue les fait fuir... On est toujours puni par où l'on a péché !

Juste retour, dit-on, des choses d'ici-bas !

FIN

TABLE DES MATIÈRES

I. Réflexions. 1
II. Le jeune homme et la demoiselle. 11
III. Deux amoureux en cabriolet. 25
IV. Un bon vivant, un grand viveur. 43
V. Le petit bonhomme du coin. 61
VI. Une commission 73
VII. Un agneau dans la bergerie. 83
VIII. M. Chatrogné. 104
IX. L'orage se forme. 117
X. Une dame égarée. 128
XI. Un mari introuvable. 194

XII. L'amour d'un seul côté.	165
XIII. Un vilain mari.	177
XIV. Tout à la fois.	193
XV. Dévouement d'Alexis	203
XVI. Une nuit.	17
XVII. Où Mondorcet agit.	237
XVIII. Tout est bien, qui finit bien.	239

F. AUREAU. — IMPRIMERIE DE LAGNY

Original en couleur
NF Z 43-120-8

www.ingramcontent.com/pod-product-compliance
Lightning Source LLC
Chambersburg PA
CBHW050642170426
43200CB00008B/1124